中公新書 1805

正高信男著

考えないヒト

ケータイ依存で退化した日本人

中央公論新社刊

はじめに——裸のサルとしてのケータイ主義的人間

情報に支配される人間

私が勤務する研究所では、毎年八月の中旬に、二日にわたり、公開講座を催している。自分たちが常日ごろ行っている研究を、わかりやすく一般の人に解説して、科学者としての社会的責任を少しでも果たせたら、という願いから始まった試みだ。幸い好評で、全国から参加の申し込みがあとを絶たない。

そこでのことである。友人の遺伝学者が九〇分にわたって講演したのち、ある年配の聴講者が「それで結局のところ、DNAというのは生き物なのですか？」という内容の質問を行った。正直なところ、私の同僚は、口にこそしないが、あまりに初歩的な知識についての問いにがっかりしたようだ。気をとりなおして聞いてみると、「先生のお話では、DNAはコピーがなされたり、塩基配列のコードが生存したり、まるで生きているかのようにおっしゃるものですから……」という。

ＤＮＡ自体が生物でないことぐらい、今どきでは学生でも知っている。しかし、この年配の人の疑問は、ある意味、非常に鋭いところを突いているととれなくもないだろう。

二〇世紀後半以降の生物科学の領域で、遺伝学が飛躍的に発展を遂げたのは、つまるところ親から子へ伝わっていくものを、一種の情報ととらえたことに起因している。遺伝子研究とは、その暗号解読の作業につきると要約できるのかもしれない。しかも、情報とは常にそれ自身、ひとり歩きするものなのだ！

世界で最初に遺伝子の二重らせん構造を発見し、ノーベル賞を受賞したワトソンとクリックが偉大であったのは、第二次世界大戦が終わってまもない時期で、まだコンピューターがほとんど普及してないころに、コピーとかコードといった工学系技術者にしかなじみのない用語を導入して、実験結果の理論化をはかった点にあると思う。あげくのはてに、私たちが目《ま》のあたりにしている生き物とは、遺伝情報の乗り物、あるいは器（vehicle）にすぎないとまで断じた。

そして、それから遅れること半世紀、ワトソンとクリックが遺伝子の中で起こっている出来事として描いてみせたのとほぼ同じ内容のことが、人間の日常生活の次元でも起きようとしている。いよいよ本当に私たちの暮らす社会が生物の遺伝並みに情報化されてきたからである。いわゆるＩＴ社会の到来にほかならない。

ユビキタス社会ということばも、しばしば耳にするようになってきた。ユビキタスとはラテン語で「どこにでもある」という意味で、いつでもどこでも情報ネットワークにアクセスできるという含意らしい。要するにＩＴに落ちつく。ニュアンスとしては決して悪いものを含んでいない。常にフレッシュな情報を外界とやり取りできて、快適な毎日を、と謳《うた》われている。しかし本当にそうだろうか？

ひょっとして生身の人間は、情報の単なる乗り物、あるいは器（vehicle）と化し、結果として「ひとり」と呼ばれる存在から、ただ操られるだけの「一匹」の存在に堕するのではないか、というのが本書のテーマである。しかもそうした問いかけについて、思弁的に論ずるのではなく、霊長類研究の過去の知見の蓄積をもとに論じようと試みた。

これからの日本人像

私はここで、これからの人間像を「ケータイ主義的人間」という表現によって、集約しようと思った。社会の情報化の最たるものが、ケータイ（携帯電話）の普及だと考えているからである。聞くところによれば、ケータイは今後ますます多機能となり、生活に不可欠なアイテムと化すらしい。現に、コンビニエンスストアでは財布の代わりに支払いができるようになっている店もある。おそらく皆がさあ外出しようというときに、今日は手ぶらでかまわない、ただしケータイだけは身につけて、というふうになっていくのだろう。ケータイを使いこなせない者は人にあらず、という風潮が生まれることを見越した上で、それに落ちこぼれなかった多数派を、ケータイ主義的人間と命名してみたわけである。

それでは、ケータイの流布によって、私たちの生活スタイルはどのような本質的変化を遂げるのだろう?

すべてのやっかいと感ずる知的作業を、肌身離さず持つ小さな電子機器に委《ゆだ》ねる、という点にあるのでは、と私は推測している。つまり従来は、自分自身の身体の一部である脳を使って行っていた内容を、そっくりそちらへ移管しようとするのだ。

比喩《ひゆ》的に人間を一台のコンピューターとみなそう。コンピューター同士は、回線でつながっている。ただし最初は、ただそれだけだった。だから、各コンピューターで実行する操作内容は、基本的にその内部にインストールされたものがすべてだった。

ところがやがて、外部メモリー(記憶装置)が装備されるようになる。しかも容量はどんどん巨大化していく。コンピューター本体に入っていたものを次々とそちらへ移していく。

いろいろ入っているとやっかいだから、必要な場合にのみ外から運べばいいじゃないか、ということになる――それとまさに同じことが、私たちの生活に起こっている気がする。そうすることで私たちは、日常のわずらわしさから解放される。わずらわしさから解放されると、その分、有意義に毎日を過ごせると無意識のうちに信じているふしがあると思う。

現にマルクスやエンゲルスの著作にも、類似した表現がところどころに現れる。つまるところ、日常のわずらわしい作業とは非人間的な性質のものとみなされている。人間の本性にそぐわないから、わずらわしいと感ずるのだ、ととらえられた。だから、それを免除されたことで私たちはより人間的になれることになる、という結論に到達した。ある意味で私たちの生活の現実はマルクスやエンゲルスの予測した方向へと進んできたといっても誤りではないのだ。

ＩＴはサル化を促す！

ただ問題は、それで私たちは本当に、より人間的な営みを実行できるようになるのか、ということである。わずらわしい、生きるための諸々《もろもろ》の作業から解き放たれた時間を、有効に使うようになってきているだろうか？

とてもそのようになっているとは私には思えない。むしろまったく正反対の現象が起きているふしすらある。つまり、人間はむしろ非人間化しつつあるのではないかという印象を受けるのだ。実は私たちは、わずらわしい日常にうもれているからこそ、人間性をまとっていられるのかもしれない。

科学技術が発達し、身の回りが便利な人工物で埋めつくされることは、生活の煩雑《はんざつ》さを解消してくれるとともに、私たちの文化的な「まとい」をはぎ取ることにつながるのかもしれない。行き着く先は、「裸のサル」ということになる。現に今世紀、日本人はそうなっていく可能性が十分高いですよということを、この本で書いたつもりである。

原始、裸のままで生活していた人間にとって、衣服がまず最初に考えついた人工物の一つであったに違いない。それなりに一人一人が工夫をこらしたそれらは、単に寒さや雨・露をしのぐという機能にとどまらず、個性をアピールする意匠として、自己表現の重要な手段となった。「私」というものを表すために、環境を改造することを学んだのである。

以来、人々は加速度的に自己実現をめざして外界への働きかけの度合いを強めていった。だが、自らの身体の外側に自分というものの存在を刻みすぎると、一種の「ドーナツ化現象」が生じ、その結果として、人間が「ひとり」と呼ばれる存在から、「一匹」になってしまうのだとすれば、何という皮肉な結果だろう。

ただ長年、サルの心理と行動の研究に少なからぬ時間を費やしてきた私としては、この時期にいたって「一匹」の人間を目のあたりにすることができたのを、ラッキーに感じている。専門的知識を駆使して、実証的な立場から分析する機会が与えられたことを、素直に喜んでいる。もちろんサルと人間をひとまとめにすることへの風当たりが強いのは、百も承知している。「人獣一体視観」といって蔑視《べっし》する傾向は、日本の知識人の間では、欧米より数倍も強いと感ずる。しかし文化の装いをはぎ取った、むき出しの人間の実像を観察する機会に恵まれた同業者は、かつていなかったのだ。ヒラリーとテンジン以前に、チョモランマから下界を眺めた者がいなかったのと同じようなものである。見たからどうというものではないにせよ、やはり山を志す者なら誰しも見たいと願ったことだろう。

もちろん、一連の推測がまったく私の見当はずれである可能性も大いにある。だが趣味でしている作業なら、的はずれであったとしてそれが益にならないとしても、またさして害になることもあるまいと、執筆した次第である。

第一章は、「引きこもり」の対極にある「出あるき」という行動の紹介から始まる。根底にある家族の崩壊、ついで言語的思考の衰退や男女関係の変化に移り、そのあと「私」というものの認識が曖昧《あいまい》になりつつある理由を考察している。この本を手に取られた方は、宝くじでも買ったつもりで、つき合ってくださると幸いである。

目次

考えないヒト

第一章　出あるく

「出あるき人間」は次世代人類の先がけ？

昨今の日本では、引きこもりや不登校がマスコミに登場しない日はない、という状況が続いている。少なく見積もっても、その数は一〇〇万に及び、あるいは数百万規模とする向きも少なくない。

けれども、引きこもりとまったく反対の行動をとる人間たち、すなわちここで「出あるき人間」と呼ぶ者が、実は同じ程度、あるいはそれ以上に増加している事実は、意外に認識されていないようだ。

引きこもりや不登校の件数について、議論が分かれる理由の一つは、どこまでをそう呼ぶかが恣意《しい》的にならざるをえないからと考えられる。引きこもりは、典型的に、自宅の自分の部屋にこもり、トイレ以外は一歩も外へ出ず、食事も家人に持ってこさせ……というイメージであるかもしれない。

だが、極端なケースはそうであっても、実態はもっとまちまちである。家の中では日常、ごくふつうに暮らしているように見える。ただし学校へは行かない、いや行けない、という中学生も少なくない。そういう状態をどう定義するかは、主観的な判断にかかってくる。

そしてまさに、同じことが「出あるき人間」にもあてはまる。「出あるき人間」とは、必ずしも自宅で家人と寝食をともにせず、しょっちゅう外を「ほっつき歩いて」生活する者の総称にほかならない。ただし、出あるきの程度はケースによって異なる。もちろん引きこもりと同じく、大多数は若年層である。

ここのところ、「プチ家出」ということばが流布しつつあるが、あれをくり返しているのが、その端的な例といえよう。

しばらくの期間、家を空ける。その間、どうするかというと、友人の家を泊まり歩く。あるいは二四時間営業の喫茶店のような場所で、夜を過ごす。夏だと、野宿もいとわなかったりする。

従来の家出と違うのは、数日、あるいは数週間すると、自宅に戻ってくる点である。何事もなかったように暮らす。それから、また出ていく……。プチと呼ばれるゆえんがここにある。

ふつう私たちは、朝にわが家を出ても、旅に出ているのではない限り、夜には戻ってくる。しかし彼らはそうしない。ポイントは、「戻ろうと思えば物理的に戻れる」状況にありながら、戻らないことだ。しかも、今後一切戻らないわけではなくて、しばらくして気が向くと戻ってくるのもユニークといえばユニークだ。

「カラスが鳴くから、帰ろう」ということをしない。要するに、日を越えて出あるく。だから「出あるき人間」と呼ばれる。

従来の家出との相違点

「出あるき」は、「プチ家出」とかなりのところ重複している。それをあえて別の表現にしたのは、それなりの理由がある。「プチ家出」は現象としては家出と瓜《うり》二つかもしれないものの、本質として両者はまったく異質なものであると考えられるからである。

かつて『家出のすすめ』（寺山修司著、一九六七年）という書物が、ベストセラーとなったことがあった。同じころ『青年は荒野をめざす』（五木寛之著、一九六七年）という小説が読まれ、同名のフォークソングも流行した。その一時代前は、『何でも見てやろう』（小田実著、一九六一年）だった。

媒体は印刷物や音楽、また印刷されたもののスタイルもエッセイであったり、フィクション、ノンフィクションと多様であるものの、全体を貫くトーンは共通している。しかも、決して目新しいトーンではなかった。あらっぽくまとめれば、社会的ひとり立ちを扱ったものといえる。

人間はいつか、自分を育ててくれた人のもとを離れていかねばならない。だが、その過程には葛藤《かっとう》がついてまわる。当人自身、いつまでも育ったところにとどまりたいという思いと、出ていきたいという願望とに、さいなまれるかもしれない。加えて、育てた側からの干渉や拘束がある。

結果として、自立がスムーズに進行しない場合、それはドラスティックな形をなすこととなる。その代表例こそ、従来の家出である。決然と家を出る行為——その背後には、二度と戻らないという決意がある。

むろん、そこでも程度差は無視できない。実のところ、従来の家出にも「プチ形態」は存在した。だからこそ、昨今の「プチ家出」(＝出あるき)をそう呼ぶことに、私は抵抗を感じるのだ。では過去の「プチ家出」は、今とどう違うのか。

従来の「プチ家出」は、例えば、先述の『青年は荒野をめざす』式の旅がそうである。どこへ泊まるのかあらかじめ決めることもなく、旅に出る。もちろん、今まで一度も行ったことのないところへ出かけるのだ。未知の領域の開拓といっていい。

むろん、何日かすると帰ってくる。また旅に出ることを家人も了承しているのがふつうだろう。ゲーテ時代のドイツ文化の下での人間発達観に照らせば、完成された個人に到達するための、遍歴・放浪の段階にあたる。かつてそこを通った親との訣別《けつべつ》にいたる。だからそれは、ひるがえって顧みるに、「プチ訣別」すなわち「プチ家出」ということになる。

ところが、今日はやりつつある「プチ家出」は、これとは異なる。最大の相違点は、未知の領域へ出かけることはない、という点にある。まったく反対に、自分の「なじみ」のところを徘徊《はいかい》することに時間を費やすのだ。

遊動・採食の反復

サルの行動でいうならば、私たち研究者はこれを「遊動」と呼ぶ。サルはひとところに落ちつかない。寝る場所も日々変わる。しかし、めったやたらに動き回るわけでは決してない。それどころか、遊動した軌跡を丹念にたどってみると、ある一定の地域からは絶対に外へ出ないことがわかるはずだ。自分に慣れしたしんだ範囲だけを、寝泊まりしつつ、ほっつきまわるのである。この範囲を「遊動域」と命名している。

食事のことは、採食という。食べるものを加工することはない。食べられるものを、ありのままに採るだけ。だから採食だ。「出あるき人間」だって、調理はしない。

そして遊動・採食を、一頭一頭がどういうルートでどういう仲間とつれ立って行うかを「遊動パターン」と呼ぶ。ニホンザルぐらいであると、比較的単純である。要は、食べるものの豊富なところへ、みんなで出かけていく。わあーっと押しかけ、食べ尽くすという寸法だ。

ところがチンパンジーぐらいになってくると、複雑になる。みんなで一斉に出かけることはない。分散行動をとる。チンパンジーの群れというのは、数十頭のメンバーで構成されるのが当たり前だ。それが少数ごとに分かれる。個々のまとまりはパーティーと呼ばれる。

修学旅行で、クラス全体が少人数のグループに分かれて行動するのをイメージすればよい。一つのグループ(つまりパーティー)は、多くて五頭ぐらいである。各パーティーは異なる目的地へおもむく。

ただし留意しなくてはならないが、各パーティーのメンバーは固定していない。ある期間、一定のメンバーで遊動すると再編成がなされる。再編成が生ずるということ自体、何らかの形でパーティーとパーティーがいったん合流することを意味している。これを離合集散といぅ。

つまるところチンパンジーは、離合集散しつつ遊動・採食をくり返して生活しているのだが、これは少なくとも形式的には「出あるき人間」の日常と非常に類似している。

渋谷センター街を歩いてみよう。平日の昼下がりであっても、通年、若年層を中心とした「遊動」が観察できる。彼らはまずまちがいなく、仲間とともに行動し、単独でいることは少ない。グループ同士が出会うと、軽く立ち話を交わす。

チンパンジーもパーティー同士が遭遇すると、「ホッホッホッ……」と音声を交換する。ダーウィンは、この種の音声から人間の笑い声が生まれたと主張した。そののち、おもむろに別れる。

別れる際、メンバーは以前と入れ替わるかもしれない。それは、渋谷でも変わらない。しかも行動範囲を追うと、結局のところ渋谷を出ることはなく、さほど遠くへ足を伸ばさない点も似ている。新宿はおろか、原宿へもいたることはないのだ。新宿・原宿をそれぞれ拠点とする者とは、「遊動域」を異にするのである。

ちなみにチンパンジーは、毎夜、寝るときになるとベッドを一頭ごとにこしらえる。樹上に、寝心地がよいように木の枝や草で、寝場所を設けるのである。場所は定まっていないものの、基本的に日ごとに新たに作り直す。彼らは熱帯に暮らしているが、渋谷でも夏の間は、鍵がかかっていないビルの屋上や地下、あるいは公園で、毛布やタオルを用い、同じことをして夜を過ごす「パーティー」を見かける。

ケータイの普及の影響

こうした「出あるき人間」の数は、ここ五年で劇的な増大を遂げたと私は推測している。もっとも、統計的に調べたわけではないので、詳細は不明のままであるが、増えつづけていることは確かだ。

また、こののちも増えつづけることはあっても、減ることはないように思われる。

増加の引き金となったのは、疑いもなくケータイの普及である。そもそも、何日も家を空けたままにしておいて家人は心配しないのかと、ふつうなら誰しも不思議に感ずるのではないだろうか。

しかしあにはからんや、「出あるき人間」の家人はもう達観していることが多い。そして、「ケータイを持っているから」という。

ケータイを持たせてあれば、いつでも連絡が可能である。だから夜になって寝に帰ってこなくたってかまわない、と「出あるき」を容認するのだ。どんなに離れていたところで、「いつもつながっている」という感覚が安心感として作用する。

では、家に帰ってこないからといって、いちいちケータイにかけてみるかというと、そうでないことが多い。家人からかけることは稀《まれ》である。かけるのが、面倒であるというよりは、現実にかけることを怖《おそ》れているふしさえ見受けられる。

もし、かけてみて電源が切られていたら、どうするのか。留守番電話サービスにつながったらば、どうするのか。そんな事態になった場合の回答を用意していない。だから、「いつでも連絡がつくから」と自分を安心させておいて、その安心感を突き崩すような事態を自分から招くことのないように自制している。

「出あるき人間」の方は、そういう対応に敏感だ。そして相手の態度にうまく乗じて、気ままに行動する。「大丈夫、大丈夫、羽目ははずさないから……」とリップサービスも怠らない。

こうして従来型の家族生活は、確実にこわれる道をすすんでいる。

ただ同居しているだけの家族

たとえ「出あるいて」いなくて、みんなが一つ屋根の下で寝食をともにしていても、事態は本質的には変わらない。

ケータイメールの普及は、電波が届く限り、いつでもどこでもめざす相手と交信することを可能にした。それはひるがえって、一つの場所に顔をつき合わせている状況が、コミュニケーションをとることの何の保証にもならないことを示唆している。

リビングで一緒にテレビを囲んでいたところで、メール一つで、心はかけ離れた場所の相手に志向先を変化させることができる。また現に、そういうことが頻繁に起こっている。まして自室へいったんこもるや、同一の家の内部にいることは、ほとんど意味を持たなくなる。眠りにつくまでの間、気の合った者同士で自由にメッセージを交わすことができるのだから。

ケータイが普及するまでは、こうではなかった。家の誰もが、家人の交友についての知識をかなりのところ共有していた。とりわけ子どもの場合、それは顕著だった。固定式の電話機では、家族内のプライヴァシーの保持にはおのずと限界がある。

だが、今は違う。子どもは親の干渉が皆無に近い、子どもだけの社交界を作れるようになった。他方、親の世代はというと、この変化に存外、鈍感でいるらしい。子どもがふつうに学校へ行ってくれているならば、「おんの字」と思う者が少なくない。少々のことは大目に見る。大した変わりはないと思ってのことだろう。しかしながら、途轍《とてつ》もなく大きな歯止めがはずれたことになるのだ。

今までは、家庭内で養育を受ける者は、原則として「縦割り」の支配を受けてきた。個々人が養育者の監督下にあって、その許容の範囲内でコミュニケーションをとることができていた。けれども今や、その縦割りの枠がなくなってしまったのである。

おかしなたとえかもしれないが、内閣や国会の承認なしにその国の軍隊が任意に行動できるようになったようなものだ。戦前の日本では、陸軍も海軍も、自分たちは天皇によってのみ支配されているのだという主張の下に、兵力を思うままに海外に派遣した。それと類似している。

しかも無規制ばかりか、ビジョンのないあたりもそっくりである。そもそも今日の日本人は、社会化を遂げるのに過去とは比較にならないほどの年月を要するようになっている。

一〇〇年も前であれば、一〇代半ばで成人とみなされた。その年齢になれば、成人に見合う行動倫理と規範を習得していた。今後は、当時の成人にほぼ匹敵するまで成長するのに、およそ倍の時間を要するのではないだろうか。

だから、まったく社会性が未成熟なままでケータイを持ち、同類の者だけで構成される一つの完結した交流の世界を終日にわたり持つことを許されるのである。

消極的な育児拒否

家に寝泊まりしていたところで、下宿人がいるのと大差ない。家人にとって、おもしろかろうはずもない。

だが、意外なほど注意しない。青少年については、さまざまな問題が報道される。「ああなるよりはまし。それなら、少しのことは目をつぶって……」というような、おかしな理由づけがなされたりする。

あるいは、子どもが何をしたところで「見ないようにする」親も少なくない。正直いって、もうかかわりたくないという意識がにじみ出ている。

そもそも子どもを育てるにあたっての基本姿勢が、戦後の高度経済成長期を境に、様変わりしてきた。育児は親、とりわけ母親にとって、一種の趣味と化した。

三種の神器と呼ばれた電化製品をはじめ、若いカップルは多様なものを手に入れることを夢見て、日々を送ってきた。それが、手に入れたい物が次第に尽きてきたところで、子どもへの関心が湧《わ》き起こってくる。子どもに金をかけるのは、バブル以降のどんな不況の下でも勢いを増すことこそあれ、衰えを見せていない。

端緒は昭和三〇年代のピアノレッスンの流行だろう。今では、英語教育がすっかり取って代わった。あとはブランド物の子ども服で着飾らせるというのも根強い。

趣向はいろいろである。ただし共通しているのは、対象である子どもがおよそ一〇歳未満に限定されることだ。それを過ぎると、情熱は急速に冷めていくらしい。

考えてもみよう。ピアノのレッスンや、ダンスやスイミングのおけいこや、英語の勉強に、何のためにお金をつぎ込んだのだろう。それに見合う成果を得るためにではなかったのだろうか?

子どもはというと、物心つかないときから習いに行かされているものの、「自分で望んだ」という認識はないに等しい。おおよそが思春期になると継続を拒否する。すると親も、それをあっさりと認める。

つまるところ、親の気まぐれにすぎなかったことが明白となる。子どもにお金をつぎ込んで、自己満足にひたりたかっただけのことなのだ。しかもその欲望は、対象が幼いころにしか生じない。「子どものための英会話……」なんていってみても、深遠な将来構想があるわけではまったくない。

こういう雰囲気だから、一〇代になって相手が一人前の口をきくようになると、情熱は急激に冷却される。加えて、相手は自分のイメージしていたように成長するとは限らない。

本当は、想像した姿と異なるからおもしろいのではないだろうか。

「思ったように子は育つ」のならば、盆栽である。ところが真実、盆栽を育てるように子育てしているものだから、思うような形に育たないと、いやになる。「もう、この子はなかったことにしよう」となる。

といっても、養育を放棄するわけにはいかないから、極力、何も見ないようにする、ということが起こる。消極的育児拒否とでもいうべきだろうか。

拒否される方も、その方がありがたいという側面があることは無視できない。そこで、これ幸いと好き勝手をはじめる。あげくのはてに、「出あるき人間」が出現したという次第なのだ。だから一概に、当事者だけを責めるのは不当だといえる。

地域に根ざした「出あるき」

「出あるき」が本当の意味での家出と根本的に趣を異にすることも、おわかりいただけたのではないだろうか。変な表現かもしれないが、「出あるき人間」というのは地域に根ざした人々なのである。

渋谷のセンター街を遊動域とする者は、そこに密着している。どうして渋谷なのかと尋ねれば、小・中学校時代の仲間とのなじみのある所だからという答えが返ってくる。それがずっと持続している。

そしてケータイという新しいコミュニケーションツールが登場し、今までの家族と結ばれている必然性が消えたとき、もっと気ままなつながり方を見つけました、という結末といえる。

遊動域から外へ出るのは、「疲れる」ともらす。家出する人間がいちいち疲れていたのでは、お話にならない。この一点からだけでも、家出と「出あるき」との違いは明白である。

むしろ、行動はまったく反対であっても、「出あるき人間」は「引きこもり人間」との方に共通点が多く見受けられるような気がしてならない。縄ばりを設定し、そこから外へ出ることを原則として拒む。未知の世界に恐怖を抱く。ひいては自立を拒絶する……。違うのは、そういう自分をどうとらえているかだろう。

自己を肯定できれば、仲間と語らって「遊動」つまり出あるき、否定することになれば、独居して引きこもらざるをえないのかもしれない。しかも、全体として両者のいずれが多数派かというと、私にはどう考えても前者のように思えて仕方がない。

ケータイに関して考えるなら、自己を肯定する「出あるき人間」はケータイ依存派、自己を否定する「引きこもり人間」はケータイ拒絶派と表現できよう。だが、現代はまさにケータイ全盛だし、今後もそうに違いない。そうすると、「出あるき人間」こそ、これからのケータイ文化をになう次世代人類の先がけともいえなくないのである。

平等と気くばりのコミュニケーション

ふつう動物というのは、群れを形成する限り、個々の特定の群れを一つの単位として行動する。つまり終始、群れのメンバーはまとまっていようとする。

ところが、先にも少しふれたように、チンパンジーは例外的といえる。パーティーが離合集散をくり返し、それでいて複数のパーティーを含む群れの統一がくずれない。だから彼らは、社会的に他の動物より高等なのだとされてきた。では、どうして彼らはパーティーに分かれて生活するのだろう。

議論はいまだに続いているが、専門的なことは避け、大ざっぱにいうと、群れがともにいると、彼らを他の動物と区分し、ユニークなものとしている高等なライフスタイルが保てないからではないか、と推測されている。

というのも、チンパンジーはヒト以外の霊長類としては例外的に、平等主義的色彩の濃い生活を送っている。それは、パーティーの生活が基本となって初めて可能なのである。

よく知られているように、サルの群れのメンバー間には通常、優劣の順位が存在する。日本の動物園のサル山にいるニホンザルを想像すればよいだろう。エサを投げ入れてみよう（本当は、動物園の動物に客が食べ物を投げ入れたりするのは、絶対、許されないことであるけれども）。近くにいる個体の中でそれを手にするのは、付近でもっとも順位の高い個体に違いない。劣位のサルは、エサに目をやろうともしないだろう。うっかり見ると、それだけで攻撃される。

食物の入手は、彼らにとって生存にかかわる重大事である。群れ内の順位は、基本的に強い者が生存上、有利になるように作用している。

ところがチンパンジーとなると、事情が異なってくることが、野外での観察から明らかになってきた。彼らにとって魅力ある食物を、誰かが手に入れたとしよう。しかも、手に入れたのは、高順位の個体だった。ニホンザルなら、その個体が全部たいらげてしまうところである。しかしチンパンジーでは、自分より劣位の個体が近づいてくると、何がしかを分け与えるという行動が見られる。

補足しておくと、彼らの間にも、優劣ははっきりとある。その上で、ある者が入手した食物を共有するのだ。研究者が分配行動と命名した現象である。

チンパンジーのように体の大きい動物は、おのずと必要とする資源の量も膨大となる。まして、まとまっているとたいへんだ。そこで妙案を思いついた。パーティーに分かれて暮らす。そして、しばらくしてパーティーのメンバーを相互に入れ替えて、群れ全体のまとまりを維持する。加えて、メンバー間は平等主義を基本原則とする、としたのだろう。

だから彼らは互助的である。食物を分け与えたり、分け与えられたりして、日々を送っている。これは、高順位の個体が一方的に資源を独占する場合より、はるかに社会的に高次なやり取りと考えられる。

だが、よく考えてみよう。互助的なやり取りが成立し、維持できるのは、メンバーがかなり少数に限られるからなのだ。そもそもパーティーに一〇頭も二〇頭もメンバーがいたりすると、食物を入手しても、メンバー全員にいきわたらせること自体が困難になる。すると、不平等が発生する。

互助的にするには、多くてせいぜい四～五頭の仲間に渡し、そこから渡してもらうというくらいにとどめなくてはならない。それよりメンバーが多くなると、どうなるのか。結局、不平等が生ずるのだから、不平等に扱われた者は、扱った者とたもとを分かつことになる。だからパーティーに分かれるのだろう。

気くばりの進化

こう見てくると、もう容易に想像できるかもしれないが、チンパンジーの群れで高順位であるというのは、けっこうたいへんなことなのである。ニホンザルだと、勝手気ままに振舞っていればよい。エサは欲しいだけ食べる。気に入らなければ、周囲に当たり散らす……。気を遣うのは、劣位の方だ。

チンパンジーは、そうはいかない。食べたくとも独占は許されない。自分が優位であるからこそ、平等主義が遵守されているか否かをモニターする義務が生じる。劣位より、優位の方が反対に、気を遣わなくてはならない。「気くばり」というものが誕生し、それにもとづいてパーティーがまとめられているのだ。

それでは、ニホンザルの場合、いじめられ、食物も分けてもらえない弱い個体が、どうしてそれにもかかわらず強い個体と一緒に群れを作るのか。単独でいるよりは天敵におそわれにくいから、単独でいるよりは食物を見つけやすいから、といった比較によるもので、あくまで個体レベルでの都合にすぎない。劣位個体は、「仕方なく」みんなと一緒にいるということになる。

他方、チンパンジーは群れに「好んで」加わっている。それは、「気くばり」してくれるからにほかならない。

さらに、「気くばり」してもらうことをうれしいととらえる感受性が、気くばりする意識とともに、社会性のもとを形成する。単に食物が手に入ってありがたいというのではなく、互助的交渉ができることそのものをエンジョイできるようになったとき、人間的な社会が作り上げられる基礎が整ったのだろう。そこから社会的な交換という形式が誕生するのだと思われる。

ひるがえって、「出あるき人間」の日常をつぶさに観察してわかるのは、彼らもまた仲間とのつき合いにおいて、平等主義と気くばりを重んじるゆえに、パーティー行動をとるという事実なのである。

「出あるき人間」の平等主義

話題が少しそれるが、私はパーティーというものがどうも苦手である。ただしパーティーといっても、今まで書いてきたチンパンジーのパーティーや、「出あるき人間」のそれのことではない。カクテルパーティーに代表される西洋式の宴会のことだ。

もっとも、コンパや宴会がきらいというのではない。欧米に行くと招待される、あれに限って尻込みする。話題に困るというわけでもない。いちばんよくわからないのは、ある数人とおしゃべりしていて、それをどう切り上げて、他の人間と会話していったらいいのか、ということである。

あちらの人間を見ていると、渡り鳥のように参加者と順次、談笑していって社交する。あの術《すべ》がどうにも理解できない。けれども、私見であるものの、パーティーを苦にするのは私ばかりでなく、総じて日本人はそうであるような気がしてならない。欧米の人たちは、子どものときからなじんでいるのか、実に上手だ。

日本も生活はずいぶんと欧米化してきた。しかし、だからパーティー上手になったかというと、とてもそうとは思えない。それどころか、若い世代は私たちよりもっと下手なのではとさえ感ずる。その代表格が、「出あるき人間」であるのかもしれない。

というのも、彼らがどうしてパーティー単位（チンパンジーのパーティーという意味での）の行動をとりたがるのかというと、カクテルパーティーで求められる社交術が、まったく不得手であることが大きく影響しているからららしいのだ。

つまり、集まっている人間の中で、異なる複数の話題が同時に飛びかい、みんなが適当にいずれの話題にもコミットして、それで終わってみたら、全員が会話を交わしたという一体感に満足するということができない。

逆に、一つの話題が集まりの核となって存在し、そこにメンバーすべてがほぼ等しく参画しないと、充足した意識を持てないらしい。するとメンバーの数は、おのずと限られてくる。例えば、五人からなるパーティーが構成されたとしよう。おしゃべりが始まる。すると、ひとりが他の四人より無口になった。これは、彼らにとって非常に気まずい事態と認識される。

無口になった当人ばかりか、他の四人も「まずい」と感ずる。彼らはそのような状況の把握におそろしく敏感である。みんなが等しく、ものがいえるような話題を見つけようと懸命になる。しかも、そういう気くばりにたけている。

たけているものの、では喜んで気くばりするのかというと、そうではない。気くばりは疲れるとこぼす。疲れるから、できるだけそんなパーティー構成にならないように心がける——こうして、少人数で同じ気分の者同士が集うこととなる。気分が変われば、パーティーを再編成する。

一つのパーティーが安定している間は、メンバーのひとりが手に入れた物は、現金であれ何であれ、基本は平等な分配である。そうしないと分裂は目に見えている。それよりも、もっと些細《ささい》に見えることにも、「平等」を心がけている。

例えば、喫茶店やファーストフードショップでの席のとり方一つでも、ずいぶん気を遣う。そもそもパーティーのメンバー数が四人を上回ることが珍しいのは、日本の店でテーブルに向かって腰掛けられる人数が五人以上のことは少ないことと深く関係しているからではと感ずるほどである。

ある特定の二人がいつも並んですわるのは、好ましくない。まるで、心理学者が被験者に刺激を呈示する際、試行ごとに順番をランダムにするように、みんなが均等に顔を合わすよう腐心する。

パーティーのメンバーがあらゆることについて機会均等であることが最優先事項なのだ。

好ましくないペア行動

パーティーを構成するメンバーの数が大規模にならないのは、多数になると気くばりがたいへんになるからであることは、容易に想像がつくだろう。

けれども、だからといって思いっきり少人数で、つまり気の合った者同士が二人きりでパーティーを作ったならばそれでいいのかというと、そうでもないから話はややこしい。それどころかペアでの行動は、むしろ規律違反に近いことなのだ。一種の抜け駆けととらえられかねない。

むしろ、三人でいるということが暗黙の基本原則とされているらしい。なぜ、三人なのか？

二人の関係を見守る他者、というのがパーティーにおいて不可欠とみなされているからだろう。社会学や社会心理学の入門書によれば、社会集団というものの最小規模は三名からと書かれている。あれを地でいっているようなものだろう。

私がいて、あなたがいる。その私が、あなたにどういう働きかけをして、どういう反応が返ってきたかは、第三者によってモニターされていないとだめなのだ。もしモニターする者がいないと、何が二人の間で起きたのかは当事者しか感知しえないことになる。そういう交渉を持つことは、離合集散に参画する仲間うちではタブーに近い。

仲間同士のつき合いは、「出あるき人間」にとって必ずしもプライヴェートな性質のものではない。むしろ、社交界という表現の方が当を得ていよう。だからプライヴァシーは別にある。プライヴェートに誰か特定のひとりとのつき合いを別に持ってても差し支えないが、それとは別にパーティー仲間とのつき合いはあって、しかも双方を混同することは御法度《ごはっと》とされている。

その意味では先述の、私が苦手で、かつ日本人の大多数も苦手ではと私が勝手に推測した、カクテルパーティーでの会話パターンと共通点があることに気づく。ああした場面では、ここかしこで数人が寄り集まって談笑する。その際、たった二人だけで会話を交わしつづけていたならば、かなり奇異にとられても仕方がないだろう。

ダイアローグ（対話）をするのではなく、三人以上が適当に同じ頻度で、発言番（ターン）をまわしていくのが、場を持たせる秘訣《ひけつ》である。料理と飲み物もそれぞれ、過不足がないように配慮する――「出あるき人間」のパーティーとほとんど同じことを実行しているのだ。

ただし両者には、大きな差があることも事実である。まずカクテルパーティーは通常、未知の人物と面識を持つための機会である。そこから先へと、別のつき合いが発展していく可能性をはらんだ集まりとみなされている。他方、「出あるき人間」のパーティーは、既知の者ばかりの集まりの反復にすぎない。

親しい者との「役割」演技

第三者がいる場でしかつき合わないということは、常に「役割」を演ずることを求められているということと同義である。素《す》でない自分、どこか取り繕った自分を提示している。

変なたとえかもしれないものの、男女交際をする段になって、男か女の側の友だちが同席しますというシーンを想定してみればよくわかるだろう。こういうケースは、決してないわけではない。

では、友だちを呼ぶのがどちらであるかというと、それは二人っきりになりたくない側と相場は決まっている。二人だけで会うということを認めることは、それだけで、相手とプライヴェートな時間を共有しましたというニュアンスを含んでいる。それがいやだから、第三者を呼ぶ。同じようなつき合いを、「出あるき人間」は日常的に営んでいる。

カクテルパーティーは、一種の群れ的、かつ非性的なお見合いである。お見合いでは、当人たち以外に紹介者やら、当人の親族とかが最初に同席して、みんなでよってたかって公式の演技をする。そののち、品定めがすんだら、「あとはプライヴェートにすすめなさい」と移行していく。カクテルパーティーも、あとは個人間でお好みの対人関係へ移っていく、その「とば口」の機能を果たしている。

一方、「出あるき人間」の作るパーティーはというと、そもそも学校生活を中心にして作り上げた交友関係があって、そこでなじみの深い人間同士が、次に社交的な役割をになった交友へと「発展」していくのである。

発展をかぎかっこでくくった理由は、ほかでもない。ふつう私たちは、プライヴァシーを分かち合えば分かち合うほど、関係が深まる、すなわち発展すると考えている。この発想からすれば、「出あるき人間」の交際に、従来の意味合いでの発展は望めそうにないからである。

「分節化」したコミュニケーションへの拒絶

もう一点、カクテルパーティーが「出あるき人間」のパーティーと異なるのは、前者では集まりの中でコミュニケーションの分節化が生じているが、後者ではそれが許されないという点である。すでに書いたように、メンバーが等しくコミットしないと、気がすまないのだ。パーティーの中で、AさんとBさんとCさんは三人で盛り上がっている。いつもそうだ。一方、こちらではDさんとEさんと「私」がいつも盛り上がる――こういう状況が許容されない。それならAさんとBさんとCさんは、一つのグループとして勝手にすればいいじゃん、「私」とDさんとEさんも別のグループを作って勝手にしますから、となる。

AさんとBさんとCさんは特別にウマが合うでしょうけれども、それはさておいて「私たち」ともつき合いましょう、という方向に交流パターンがいかないのだ。

パーティー内の平等主義ということが、重層的なつき合いの成立を阻んでいる。平等主義とは、平等とみなされる者が均質であることを前提にしている。それは、外部を異質とみなすことと表裏一体をなしている。だから「私」はDさん、Eさんと均質であるという認識を持つと同時に、Aさん、Bさん、Cさんは異質というとらえ方を生む。そして、排除の方向に進むのだ。

パーティー内が均質でなくてはならないという、一種の信仰にも似た思いが生ずるのは、集まりのまとまりがメンバー間の親和的感情にもとづいているからだろう。その一方で、彼らはパーティー内で、一種の役割を演ずるよう求められている。これは、ジレンマといってもよい。フォーマル（公的）な集まりなのか、インフォーマル（私的）なのかが、曖昧である。おそらく両者の中間形態として、後者が前者をもとに、そこから派生した過渡的形態であるがゆえのジレンマ、あるいは、曖昧さであるのかもしれない。

チンパンジーにせよ、「出あるき人間」にせよ、まとまり全体が部分に分かれて、それぞれが独立して行動するという点では、集団は分節している。だが、分節した単位が同時にひっついて共存する、ということはない。

おそらくそれは、集団の組織化のレベルにおいて、より一段階、高次なものなのではないだろうか。チンパンジーは、ニホンザルなどとは異なり、群れ全体がまとまっていなくては生活できないという形態よりは進んでいるものの、分節した単位が重層的につき合う段階までは到達していないのではないか。

そして、こう考えてくると、「出あるき人間」の社会性も、この水準の成長段階にしかいたっていないがゆえの行動とも解釈が可能となってくる。

共時性の重視、通時性の軽視

親和的な感情を互いに持つ者同士が、常につながっていたいという痛切な思いが存在する。くり返しになるが、つながり方は直接的でなくてはならない。ワンクッション置いた、階層的なものは認められない。

常に、というのもミソだ。今、この瞬間に結ばれていることが確認可能でありたい。だから、行動は共時性を色濃く帯びる。コミュニケーションを求めて相手に発信して、返事が明日に返ってくるというようではだめである。

あるいは、私が今これをするから、将来にお返しを……というような互助性もありがたく感じられない。時間の隔たりは、つながるという感性の成立を阻害する。

といっても、ある瞬間にひとりの「出あるき人間」が顔をつき合わせて、ともに過ごせる人数は数人に限られる。しかも、パーティーが離合集散をくり返すのならば、一瞬一瞬につながっていたいと望むメンバーが、凝集したという思いを満足させることなどできないではないか、ということになってくる。

理屈の上ではその通りである。物理的には実現できそうにもないことだ。しかし当事者が心の中で、それを達成したという思いを抱ける状況を作り出すことは、さほど困難ではないようなのだ。この夢のような願いを叶《かな》えてくれたのがケータイにほかならない。

ケータイの出現によって、誰もが自分が属しているグループのメンバー構成を、可視的な情報として手もとに置いておくことができるようになった。電話番号、メールアドレスの登録リストである。もちろん従来も、住所録を自分で作成し、日常の生活に活用していた人は少なくなかった。ただし、その規格が一気に統一されたことの意義は小さくない。

今どきは、電話として活用するのではなく、むしろケータイはメールを送る装置として、より頻繁に利用されている。

「出あるき人間」のパーティーが、ファーストフードショップで談笑しているところを、しばらくウォッチングしてみよう。メンバーは互いにおしゃべりしつつ、誰もがひっきりなしにメールを送っているのに気づくことだろう。誰に出しているのか。

登録リストにある（つまり同じグループの）、そのときは他のパーティーに加わっている誰かにである。しかも、返事がくると（ふつうはメールを出すと、返事がリアルタイムで戻ってくるのだが）、それを互いに見せ合う。もちろんメールを送った、向こう側でも同じことが起こっている。

つまり数人からなるパーティーの中のひとりが、別のパーティーの誰かと交信するのだけれども、メッセージは双方のメンバー間で等しく共有されることとなる。こうして二つのパーティーのみんなが等しく結ばれているという意識を持つにいたる。

しかもメンバーの各人が、かなりの頻度でこれを違う相手と反復実行することを考えよう。三桁にも及ぶメールアドレスの相手と、一時間以内に「私」がつながり合うことだって、全然むずかしいことではないのに思いいたる。

プライヴェートな関係維持のむずかしさ

現実には、パーティー間のコミュニケーションも一対一のダイアローグでなされている。それにもかかわらず、平等主義の意識がくずれないのは、ケータイを電話としてではなく、メールのために用いていることに起因する。メッセージが画面に表示され、誰でものぞけるからだ。

本当をいえば、同じ画面をのぞいていたところで、相手のパーティーがそれをネタに何を話しているのかは不明である。また次々とメールを交換していくのにも、時差はおのずと生ずるから、集団全体のまとまりが通時的に維持されているのに変わりはない。しかし、そういうものを無視して余りある、共時的な共存感覚をケータイメールは作り出しているらしい。結果として、以前にあったような家族、友人、そして知人という、つき合いの同心円構造が解体してしまった。一つ屋根の下に家族として集まって暮らしていること、すなわち空間的近接性は、共時性の重視の前には、大したことではなくなってくる。ケータイは、空間を飛びこえるのだ。

そして友人、知人の一部が、平等主義の下に緩やかに組織された社会の中で生活している。いわゆる家族などというものが、いかに人工的にこしらえられた、文化的産物であったかがわかる。

家族の起源という問題は、マルクス、エンゲルスの昔より論ぜられ、最初から一夫一妻であったとか、いや一夫多妻が本来の形式であったとか、さまざまな主張が展開されてきた。けれども、どういう形態に決定されるかは、本来、きわめて流動的なものであるかもしれない。

ただ従来の家族が、その中で生を受けた人間が順次、社会化を遂げ、やがて独り立ちしていくことを促す上で、非常に効率的な一つのシステムを形づくっていたことは事実だろう。同心円の外へと次第次第に進出していく中で、自立が形成される。

一方、「出あるき人間」の生活するパーティーは、家族的な居心地のよさと、他人行儀な社交界の両特性をあわせ持つ反面、そこから抜け出る先が不透明である。中途半端に「よそ行き」である。

「もっと未知の外の世界が見たい」といって、一時的に飛び出したとしよう。先述の、本当の意味での「プチ家出」のような場合である。むろん初めての試みなら、挫《くじ》けたり、ひどい目に遭ったりして戻ってくることがしばしばだろう。その際、従来の家族は本人にとって、疲れた心を慰めるところとして作用する。けれどもパーティーのメンバーは、「あんた、いったん出ていったんだから……」と冷淡だ。

ふつうなら、従来型の家族や友人に打ちあける心の苦しみを、家族を捨て、友人を社交界のメンバーにした者には、ぶちまける相手が見当たらなくなる。非常にプライヴェートな関係が、消失してしまっているのである。

匿名メールとしての告白

いや、そんなことはない、と反論されるかもしれない。先に、パーティー間のつき合いとは別に、プライヴァシーは別にあると書いたではないか、別個のプライヴェートなつき合いがあっても差し支えないと記したではないか、と思われるかもしれない。

確かに、理屈の上ではその通りなのだ。だが、実際にいつ、どのようにそういう相手を見つけるかとなると、そうたやすくはないことがわかる。とりあえず、誰もがパーティー仲間とのつき合いに生活の大部分の時間を割かれる。ではメールでコミュニケーションするか、ということになるが、そうすると、以前からの知人・友人の大部分はパーティー仲間に属してしまっていることに、はたと思いいたる。

そういう相手に、プライヴェートなメールを出すのは危険だ。いつ何時、メッセージが周囲に漏れるか知れたものではない。実際、よくパーティー仲間がひとりのところへ来たメールを、見せるの見せないのと騒いでいるのを見かける。あれは半ば冗談で楽しんでいるらしいが、シリアスになると、出した方はたまったものではない。

そもそもメールの怖いところは、そっくりそのまま転送でき、保存できる点にある。どこへ送られても、そのまま残されて誰かが見てしまっても、文句のつけようがない。近い過去のエピソードとしては、東大の医学部の教授が、研究費を不正に現金化する目的で、研究室の大学院生に空バイトをさせていたことが露見したことがあった。行政に摘発されるにいたったが、その証拠となったのはコンピューターに保存されていたメールだった。

このような違法な目的や不道徳な目的でなくとも、相手以外に決して知られたくない内容を伝えたいことは、世の中にごまんとある。メールは、そのためには危険な手段であり、かつそのことは、日常的にメールを使っている者がいちばんよく知っているのだ。だから、メールを多用する「出あるき人間」は、プライヴェートな用件をケータイによって果たすことがむずかしくなってしまっている。

ただし、まったく無理というわけではない。新たなコミュニケーション法が開発されてきた。しかもケータイならではの特性を活用して——それが見ず知らずの相手に、「私」が誰かを秘して心情を告白するという方法なのである。

ネットでのコミュニケーション

インターネットでのやり取りというのがそれである。

ネットの掲示板やチャットなどがふつうのメールの授受と異なるのは、未知の者同士の出会いの場であることにつきる。もちろん互いに何やら、名前は名乗るものの、仮名にすぎないのが大半だろう。だから、発信者の正体はつきとめられない。そこで、普段は周囲の誰にも打ちあけられない心情を吐露するのだ。

「出あるき人間」は、これを好む。そして、面識のある者にプライヴェートなことを話すのは、「疲れる」という。

ネットの性質上、不特定多数の人間がメッセージを読む。ある者からは反応が返ってくる。そこから、二人だけのプライヴェートなやり取りが始まる。まったく未知の人混みの中へ、もっとも私的な思いを投げかけ、親しい者とは社交的なつき合いをするという、逆転が成立している。

顧みて私たちの若い時分には、スケールこそ違え、同じような傾向はすでに存在していたように感ずる。ラジオの深夜放送への投書というのが、それにあてはまるのではないだろうか。なかには、カリスマ的にあがめられたＤＪ（ディスクジョッキー）もいたと記憶している。

だから、そのＤＪの顔が雑誌に紹介されたりすると、妙に興醒《きょうざ》めだった。それが今は、まったく組織化のための核なしに起こるようになってきている。ＤＪは職業柄、投書のやり取りがとんでもない方向へ行かないように舵《かじ》取りを行っていた。

その舵取りがない、自律的なメールのやり取りは何を生むのか。それを、次の章で書こうと思う。

第二章　キレる

コミュニケーションの退化

日本人は、近年になって急速に生活スタイルを「サル型」へと、変化させている。その端的な例を、前章では「出あるき」を手がかりに紹介した。だが退化しているのは、生活の形態にとどまらない。

コミュニケーションの仕方も、質が劣化しつつある。ことばを用いつつも、実は言語本来の使用の方法からはずれた、サル的なスタイルへと先祖返りしつつある。それがひいては、「キレ」やすい人間を生み出す土壌となっている——というのが本章のテーマである。

こう書くと、そんなバカなと思われるかもしれない。サルのようにコミュニケーションをはかっているといっても、ちゃんとことばを使っておしゃべりしているではないか、サルのように「キャー」とか「ワァー」とか意味不明の雄たけびを出しているばかりでない、と。

だが話はそう単純ではない。なるほど人間は、あくまでも言語を使って会話しているわけで、サルとは異なる。しかし、それだけで「言語的」な意思疎通をしているといいきれるかというと、そうとは限らない。

例えば、「電話」と子どもが親にいった場面を想定してみよう。これは、立派な一語文である。ただし、その意味はさまざまに解釈可能だ。「電話に出て」「電話をかけて」といった、話し相手への要求とも取れる。他方、「今電話で話している最中である」という叙述文としても、理解することができよう。では、どちらが正しいのか？

それは、「電話」という字面からでは判別できない。ふつう私たちは、発話の意味を把握しようとする際、言語の情報を手がかりに、推論によって相手が何を伝えたいのかを推しはかるのである。「で・ん・わ」という音の組み合わせ以外の手がかりとして、イントネーションや声の調子、また音声要素だけにとどまらず、顔の表情やジェスチャー、今、話がなされた場の状況などの要因を斟酌《しんしゃく》する。加えて、過去の記憶から話し相手に関する知識なども引き出して、総合的に相手が何を伝えたかったのかを判断するのである。

これは、いわれてみれば当たり前のことに違いない。しかし一般に言語というのは、たいへんシンボル性の高い記号であるとみなされている。ひっきょう言語的コミュニケーションというのは、記号性の高い情報の伝達手段と受けとめられがちであるが、その記号の指示する意味の適切な解釈を支えているのは、全然記号的でない側面なのである。

それどころか、記号を字義通り記号として解読することは、およそ非人間的な意味理解であることが、最近の研究から明らかにされつつある。というのも、人間以外の霊長類の行う音声コミュニケーションこそ、まさにそれにあたるからにほかならない。

人間とサルの違い

サルにおいても、人間の言語体系における単語のようなものの存在は決して珍しくない。人間に系統的にもっとも近い霊長類というと、チンパンジーに代表される類人猿であることは周知の通りである。逆に霊長類として進化的にいちばん下等なのは、原猿と総称されている。マダガスカルに生息しているキツネザルが典型として、よく知られていよう。

ところが、そのキツネザルにすら、「ことば」もどきは存在する。例えば彼らの天敵にあたるような捕食動物が近づいてきた場面を思い描いてみよう。そういうとき彼らは独特の声を出す。この声を耳にすると、周辺にいる仲間（同種個体）はただちに自らの身を守る防御反応を行う。結果として群れに危険の接近を周知する機能を実行しているところから、警戒音と命名されている。

ただし、天敵の種類はさまざまである。大別しても、空からやって来るものと、地表から来るものとがある。それによって防御の手段の講じ方も、おのずと異なってくる。空からの場合は、地表近くへ身を伏せた方がよい。だが、もし地表から危険が迫ってきているのに、空からのときのように逃避を企てると、とんでもないことになる。

そこで淘汰圧《とうたあつ》が働き、キツネザルは複数のタイプの警戒音を出すにいたったのだった。例えばAとBという二種類の声が存在するとしよう。空から捕食動物がやってくるとAの声を出す。すると、聞いた仲間は地表へ逃げる。他方、地表から敵が来るとBの声を出す。その際は、仲間は木の上へと逃れる。

AもBも、警戒警報である。ただしAは空からの危険、Bは下からの危険を意味している。これは、ほとんど単語による表現に近い。そういう観点では、彼らも記号的コミュニケーションを行っていることになる。

それどころか、彼らの方が人間よりも、厳密に仲間の発する音声を記号的にとらえているのである。ヨーロッパの昔話で、いつもいつも「狼が来た」とウソを村人に伝えて驚かせては喜んでいた少年の物語というのをご存知だろう。村人たちは、はじめは信じこんでびっくりしていたが、そのうち誰も信じなくなった。あげくのはてに、本当に狼が来ても誰にも助けてもらえず、羊を食べられてしまった少年のエピソードである。

ああいうことは、キツネザルでは起こらない。彼らだったら極端なケースとして、一〇〇万回「狼が来た」といわれても、やはり逃げることだろう。警戒音の認識に、音以外の手がかりは介入しない。ともかく身の危険にかかわることだから、少々いかがわしい情報であっても、とりあえず信じた方が安全、という発想が働く。サルの理解の仕方は、柔軟性に欠けるのだ。

「柔軟性を欠く」と書くと、融通がきかず頭が悪いみたいに聞こえるかもしれない。しかしシグナルの記号としての意味作用に忠実であるという意味では、人間より抽象度の高い認識を行っていると言い換えることもできなくはないのではないだろうか。

語用論能力の衰退

人間は、過去の経験にもとづいて、ことばの意味理解を変えていく。反対にこのことは、発話を行う側も、常に相手に聞き入れてもらえるよう配慮して話をすることを意味している。そして、聞き手は相手がこちらを意識して話をしていることに気づいている以上、その意図を把握しつつ、発話内容を吟味する。

考えてもみよう。「君は、よく勉強するね」といわれたにせよ、それが字面通りの誉《ほ》めことばなのか、「勉強しない」ことへの皮肉なのかは、文字の配列から判断することは不可能に近い。相手の顔色を読み、状況を斟酌し、あるいは話し手の普段の言行を参照しなくてはならない。

つまり言語理解というのは、意外なほど記号的でなくて、反対に相手の心を読む(発話を手がかりに心理を推測する)過程であることがわかる。むしろサルの方がよっぽど厳密に記号類別に依拠して情報伝達を行っているのだ。

ところが、最近の日本人を観察してみると、そのコミュニケーションはこの言語進化の進んできた方向を逆行しているように思えてならない。つまり、ことばのメッセージを常に記号として把握する傾向が高まっている。そして、そういう認識の仕方をサルが実行している以上、サル的な方向へとコミュニケーションのスタイルを変えてきたという結論にたどりつくのだ。

少しむずかしく書くと、今まで述べてきた、いわゆる人間独特の言語による意思疎通はふつう、「意図明示的で推論的なコミュニケーション」と呼ばれている。「意図明示的」というのは、言語のような、指し示す対象と記号との関係が恣意的であるシンボルを媒介にして、伝達の意図があることを話し手が聞き手に明らかに示し、そのことで相手の注意をひいてますよ、ということである。

「推論的」というのは、記号そのものが指示するのみでは伝えきれない内容を、聞き手が推論して補ってやらないと、適切に情報の授受ができないということを意味している。注意を話者に向けるように仕向けられた聞き手は、耳にしたことばを実はほんの手がかりにしているにすぎない。そこを突破口にして、話し手が意図した解釈にたどりつくべく推論して初めて、言語的コミュニケーションは成立するのである。

この人間が行う推論過程の原理やメカニズムを解明することの重要性は、ことばを扱う科学の中でも、ごく近年、認識されはじめたばかりである。そういう言語科学の中の領域は、語用論と呼ばれるようになってきている。

そして、語用論研究によって初めて認められるにいたった、ことばを理解する上での人間の能力は、語用論能力という名称で知られるようになってきた。これは人間の行う認知情報処理の中の発話解釈に関与する側面に対応する。

こうみてくると、昨今の日本人のコミュニケーションの特徴である「サル化」とは、すなわち語用論能力の衰退と表現することができる。そして、その傾向の背景としては、社会のIT化、人間同士の情報伝達がケータイのような代物《しろもの》への依存度を大きく増したことが考えられるのだ。

誤解を防ぐアイコン

メールのやり取りを通じて、何がしか特定のテーマについて議論をたたかわせたことがある人なら、誰でも気づくことだと思うのだが、主張を交換するにつれて、意見のくい違いによって話し合っている主題からそれていくことが往々にしてある。あるいは感情的なもつれや、枝葉末節についての詮索《せんさく》が起こることも珍しくない。

話が堂々めぐりしたとする。一方がAといい、他方がBと応ずる。それにまたCと答え、それに再びDと反応したとしよう。やり取りが二度ぐらいだと齟齬《そご》は少ないのだが、三度目に一方がEと主張すると、それに対し、相手が「あれ、Eとあなたはいってるけれど、前はCと主張した。EとCとは論理的整合性がないのでは……」という応答が、必ずといっていいほど生じてくる。

すると一方は、「いや、Cといったのは、あなたの受けとったような意味なのではなくて、Bというご意見に対し、かくかくしかじかのニュアンスで述べたにすぎない。それは誤解だ」と反応したとする。するとさらに他方は、「いや私がBといった意図は、あなたの考えているのとは異なっていた……」というふうに、交換した発言内容をめぐって堂々めぐりが始まる。そして、あげくのはてに「いった、いわない」の水かけ論に発展し、双方とも疲弊する。

どうしてこんなことになるかというと、画面上の字面だけでメールのメッセージとしての意味をとらえていると、どうしても書き手の意図が発話の際ほど忠実に読み手に伝わらないからだと、考えざるをえなくなる。

一回一回のメッセージに関してみると、理解のズレはさほど大きくないらしい。ただ、少し角度がくい違っているだけでも、何度も意見をキャッチボールしていくと、そのギャップはどんどん大きくなってしまう。あげくのはてに、「ズレている」と気づいたときは修正がむずかしくなってしまっている、ということのようなのだ。これはメールの使用者が、十全な語用論能力を所有していたとしても、不可避なことであるらしい。

パソコン通信の歴史をふり返ってみると、当初、人々はこの危険に無防備であった。結果として大多数のメール使用者が、同じようなトラブルに巻き込まれ、痛い目に遭ったと思われる。

そこで対策が講じられるにいたる。具体的には、独特のアイコン（icon）を開発し、文字によるメッセージに適宜、挿入するという手法が発達した。典型的には、顔の表情を模したものがそれである。

ケータイメールで、「かお」と文字を入力し、変換させてみよう。「顔」といった漢字とは別に、ほとんど無数ともいえるアイコンが出てくるに違いない。私のケータイでは、二六通りにのぼる（図2－1）。

これらを適宜みつくろって、文中・文末に挿入することで言外の意を表現するようになってきた。スマイルの表情など、もっとも頻繁に用いられる一つだろう。ちょっと皮肉っぽい文を書いたあとにつけたりする。

皮肉を書いているんだけど、悪意はありませんよ、ほんの冗談ですよ、ということを伝えたいのだ。そうしないと、真に皮肉っていると思われて、人間関係をこじらせるのではという、送り手の推測からの付加である。

(^_^)	(^^)	(^o^)	(^^)	(*^_^*)	(^_^;)	(^^;)
^^;	(-_-;)	m(_ _)m	m(__)m	^^;	<(_ _)>	_(._.)_
_(_^_)_	(;_;)	(/_;)	(T_T)	(^_^)/	(^_^)/~	(~o~)!
(^^)!	('_')	(>_<)	(?_?)	(^_^)v	(^O^)／	(^_^)
(`o´)	(@_@)	(-.-)zzZ	(^ε^)♪	(^O^)	(^o^;)	

図２－１　ケータイに登録されている「かお」アイコンの例

ｍという文字をにぎりこぶしに見立てて、両側のｍの間に頭のアイコンを挟み、平身低頭しているアイコンで謝罪を表すのも、スマイルと同じようによく使われている。「すみません」と字で表して、あやまったところで、何か、心がこもっていない気がする。相手は、本当に悪いと思っているのかと感ずるかもしれない。そこで、お詫《わ》びの気持ちに真実をこめていますというつもりで使う。

現代日本的なコミュニケーション

これは、いかにも現代日本的な表現方法であるようだ。私見であるが、欧米ではこのようなアイコン使用はほとんど見られないという印象を強く持っている。周囲の知人に尋ねてみても、スマイルアイコンを使うアメリカ人がいるという例が、一件あっただけだった。メールの使用は日本より盛んであるのに……。

意味が多義的に取れる文を送って、冗談ですよというとき、文末にかっこをつけ、中にlaughとかsmileという文字をはさむというケースはある。これは日本でも従来、座談などを記録する際に、(笑)などのようによく用いられてきた表現方法である。しかし、これはあくまでシンボルによる情報の付加にとどまっている。

それに対し、顔マークがユニークなのは、もう言語という抽象的表記スタイルを捨て去ったという点にあるだろう。人間の表情を直接に具象化して用いている。アイコンと呼ばれるのは、シンボルと異なり、指示対象と記号との対応が恣意的でないからにほかならない。スマイルマークは無条件に好意の表れであって、これを悪意の表明と関係づけることは絶対にできない。シンボルより、一段レベルの低い次元で認知情報処理される代物にほかならない。

そして現代日本において、人間はシンボル使用に踏みとどまって、メッセージのやり取りを交わすのを放棄し、一レベル水準を下げたやり方へと移行を始めたのである。くり返すが、メールというコミュニケーションツールが最初に開発されたのは、欧米においてである。ケータイメールが普及しているのは日本ばかりでなく、むしろ世界でもっとも普及しているのは北欧である。それなのに、アイコンは日本人のみが多用している。そこには漢字文化の影響もあるだろう。しかし、コミュニケーションは確実にサル化の方向へ向かいはじめた気が私にはする。

むろんこういう考えに異議があることは百も承知である。欧米の言語体系に含まれているのは、原則としてすべて表音文字である。それに対し、日本人は表意文字を多用する。漢字は一つ一つが固有の意味を持ったシンボルとみなすことができる。だが、それらも、もとはといえば対象の形状を模したようなアイコンから誕生したものが大半だ。そういう文字に慣れしたしんでいるから、顔アイコンのようなものが誕生したと考えられなくもない。それをコミュニケーションの低次元化と一概に呼ぶのは、暴論という意見もあるだろう。

なるほど、最初に新たな記号を思いつくのにそういう土壌が関係したことは、まちがいないだろう。しかしである。それだけで、ここまでアイコンの使用が流布したとはやはり考えにくいのではないだろうか。

しかも、いったん従来の文字でなくてもよいのだと、いわば「タガ」がはずれた結果、非文字使用への勢いは怒濤《どとう》のごとき流れとなっているらしい。

ギャル文字・へた文字の発明

いわゆるギャル文字・へた文字と呼ばれるものの流行が、その何よりの表れといえるだろう。今やマニュアル本まで出版されている始末である。『ギャル文字へた文字公式BOOK』（渋谷へた文字普及委員会編、実業之日本社）が、その代表格である。この本によると、ギャル文字・へた文字は以下の四つのカテゴリーからなる。

①一つのひらがな文字を解体して、個々の要素に似た文字ないしアイコンで、それをつづったもの。例えば、ひらがなの「い」を「ｌ」と「、」に分解し、前者をひらがなの「し」、後者をくり返しを表す「ヽ」に見立て、「しヽ」とする。「レヽ」と前者をカタカナの「レ」で代用してもよい。

②ひらがなと同じく、漢字もへんとつくりに分解し、同じ作業を行ったもの。例えば「妹」を「女」と「未」で「女未」とする。

③分解できないひらがな文字を、似たもので置き換えたもの。例えば「ち」をギリシャ文字の「ξ」で代用する。

④どうしても①や③の作業で見立てられないひらがな文字を、外国の文字でアルファベット以外のものや、アルファベットで組み合わせてローマ字読みさせたとき、同一の音韻になるようなものの配列で置き換えたもの。例えば「ね」を「N」と「e」を拾って

「Ne」で「ね」と読ませる。

この本によると、こういう文字でメールすることのメリットとしては、まず「かわいい」印象を与えることが挙げられるという。「手作りのあたたかい感じ」もする。次に、教師や親に理解不能で「楽しい」。さらにメールするのがたいへんである分、相手を「私のためにがんばってくれたんだなー」という気持ちにさせる、という。

そしてこの「原理」にもとづき、同じ内容のメッセージでも、文字の選び方で発信者の「気持ちレベル」がどれぐらいかが、微妙に相手に伝わる工夫を施す。その一例として、図2-2に、「大好き」「きらい」「たのしい」「へこんだ」という語彙《ごい》を三段階表示してみた。①が程度がもっとも低く、③が最高である。

いずれにおいても気持ちが強いほど、使用される記号は複雑化していっている。発信者が努力しているということを、それで表明している。けれど、そればかりではない。

「大好き」の場合、「ナご（だを意味する）」のあとを伸ばすことで、好きを強調するのだが、①では「~」なのが、②では「→」、③では「⇒」と使い分けることで、どれぐらい「大好き」かの指標にしている。

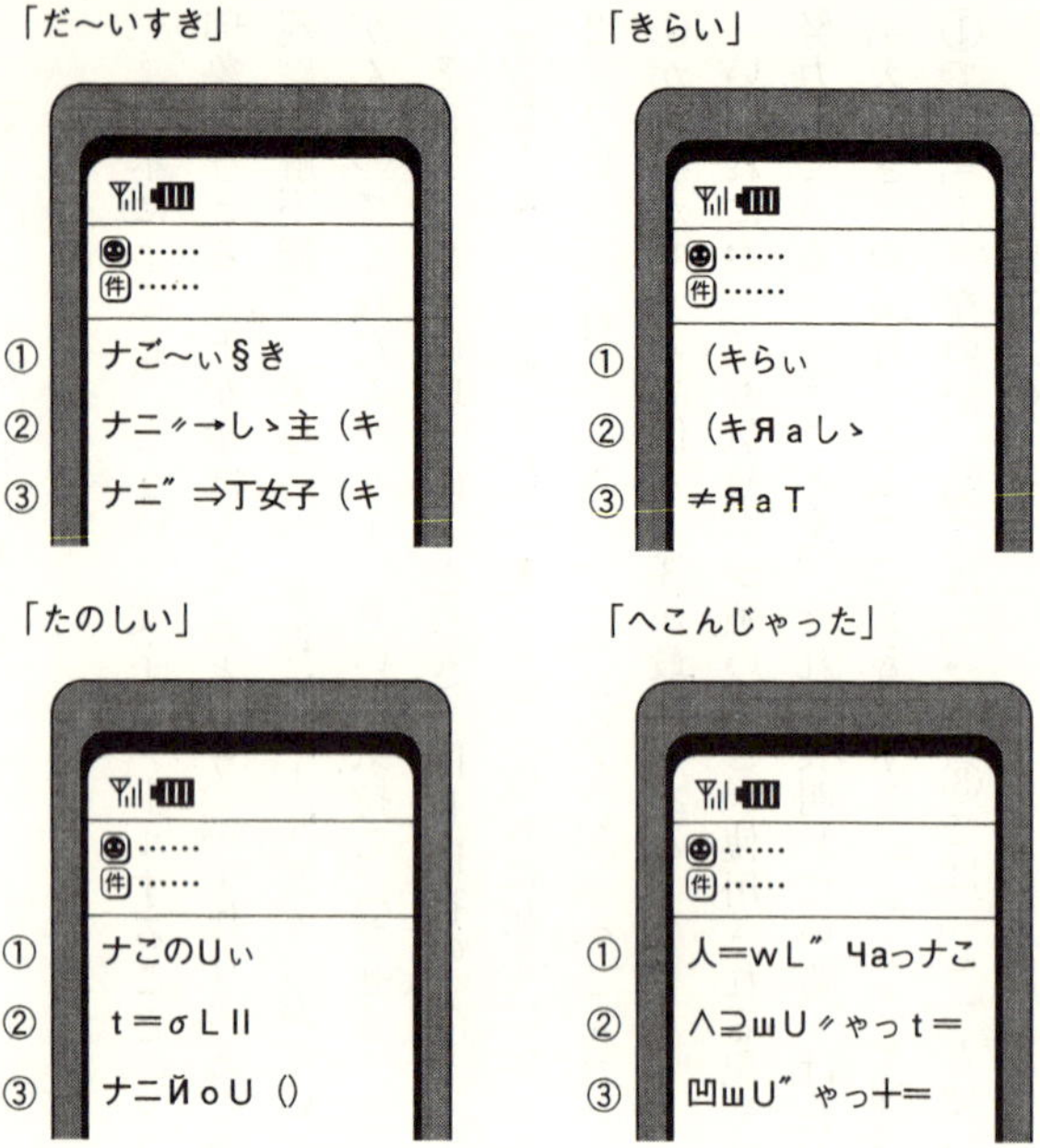

図2－2 「ギャル文字 へた文字」気持ちレベルの工夫の例（渋谷へた文字普及委員会編『ギャル文字へた文字 公式BOOK』実業之日本社、をもとに作成）

「きらい」では、③の際、すべての記号を角ばったものから選ぶことによって、本気であることを表すのだという。反対に①では、相手を傷つけたくないので、「やさしい」ものから選択している。

「たのしい」では、③になるとできるだけ突飛な記号を取り上げることによって、気持ちのおどるような感覚を表そうとしているというし、「へこんだ」のいちばん激しいものでは、「凹」というアイコンでまさに「へこんで」いることを表現している。

私的コミュニケーションの徹底

こうなってくると、どう考えてももはや言語的コミュニケーションの範疇《はんちゅう》を逸脱していると考えざるをえない。そもそもはメールが、受け手に語用論能力を発揮させる余地を残していないために生まれたアイコンだが、結局のところメッセージが伝えたい内容のすべてと化してしまっている。

しかもそれを、第三者にそれと悟られずに、発信者の主観的な気持ちを伝えるツールとして用いているのだ。そもそも言語とは、受け手が誰であろうと任意の第三者に、客観的内容を伝達するのが最大の目的であったはずである。そういう公共性や指示機能はすっかり影をひそめ、もっぱら私的に、感性情報を伝える手段に変化してしまった。

メールの基調をなしているのは、発信者が「うれしい」か「悲しい」かといった内容である。これではサルが、恐怖のあまり「キーキー」叫んだり、怒りに「ガッガッガッ」と吠《ほ》えたりするのと大差ない。なるほど、何がしか客観性のある情報伝達の機能を果たしていることは事実に違いない。だが、そういう意味ならキツネザルの警戒音だって、捕食動物の種類を指示しているわけだから、まったく相違ないといっても過言ではなくなってしまうのだ。

図2－2に列挙したようなメールを見たとき、ギャル文字・へた文字に慣れしたしんだ者は、それをもはや文字列としてはほとんど把握していないことだろう。文字列として認識しないとは、音韻情報を字面から汲《く》み上げ、音韻の組み合わせから対応する語彙を導き、その意味を自分が頭の中に貯えている知識から引き出す、といった操作をまったく行わないということである。

知覚される刺激特性としては、記号が太いとか、角ばっているとか、複雑な構造を持っているとかいうことにウェイトが置かれるようになっている。これは言語的認知の枠をはみ出ている。たとえ文字を用いるにせよ。それを表情を眺めるように見るようになってしまっているのだ。

コミュニケーションを行うにあたって、言語を使用する場合のように心や脳を使わないようになってくると推測される。ことばを用いるとは、夏目漱石風に書けば「智に働く」ことに同義である。そうでなくて、もっぱら「情に棹《さお》さして」生活するようになってきている。これがコミュニケーションのサル化の本質といえるだろう。

思えば、もう一〇年以上も前から、「やさしい」「かわいい」というのが日本の社会での最大の誉めことばとなってきていた。それがケータイの流布によって、一気に爆発したのかもしれない。

もっとも、「やさしい」「かわいい」のは、決して悪いことではないじゃないか、という反論があることだろう。その通りである。ただフィーリングを重視することには、影の部分もある。時としてそれは衝動的な暴力を喚起する。「キレる」という行動である。

そうである。昨今の「キレる」事件の多発は、感性重視のサル的コミュニケーションの隆盛と表裏一体をなしているのだ。

行動の衝動性

一九九〇年代後半に入って、思春期に入った子どもによる凶悪事件が続発し、マスコミの話題となっているのは、周知の通りである。「キレる」ということばも、すっかり定着した感がある。

事件が報じられるたびに、「心の闇《やみ》」という表現が登場する。けれどもこういった発想は、根本的なところで、問題の本質を見誤っている気がしてならない。

もっとも、一部の識者のように、同様の事件が増加していないと主張するつもりはない。なるほど彼らの指摘するように、数だけ見れば、一〇代の犯行は第二次世界大戦後まもないころの方が、今よりはるかに多いだろう。また今日でも、中高年の犯罪件数が若年層を上回っているのは事実である。

だが問題は、動機である。金銭に困って罪を犯すのと、そうでないものを区別しない議論は、まったく意味がない。詳細が明らかになったのちも、「どうしてこんなことを……」と行動の理解に苦しむ事件は、まちがいなく増えているだろう。その上であえて、「心の闇」というレッテルを貼《は》ることは見当はずれと思えてならないのだ。

「キレる」という表現が多用されるきっかけとなったのは、一九九七年五月に起こった、神戸での、少年Aによる小学生の殺害であった。翌年の一月には、栃木県黒磯市の中学校で、中学一年生の生徒が女性教諭をナイフで刺し殺した。二月には東京の中学三年生が、警官のピストルを奪う目的で殺人を企て、未遂に終わったと報じられた。以後も、同様のニュースの数は増えこそすれ、一向に減少の気配を見せていない。

なるほど確かに、数だけに注目するならば、これらの事件の絶対数は所詮《しょせん》、微々たるものであるのは指摘の通りである。マスコミがことさらセンセーショナルに取り上げているという批判も、まったく的外れとはいえないだろう。

けれども本当に留意しなくてはならないのは、行動の質が変わってきたことの方ではないだろうか。例えば黒磯の中学生は、クラスメートが大勢いる衆目の面前で、教師の女性にナイフをかざした。しかしそれでも、相手がたじろがないと見るや、刺すにいたった。

少年は、「自分には力がある。教師ですら自分には屈服するのだ」という事実を、同じ学校に通う仲間に誇示したかった。だが相手が、意の通り振る舞わなかった点にこの事件の最大の不幸があった。もう三〇年以上も前に、当時としては稀な「広域事件」に指定された連続殺人犯の少年は、逮捕されたのち『無知の涙』という書物を著し、ベストセラーとなった。

著書の中で彼が、犯行をみずからの貧しい生いたちと結びつけたのが、一世を風靡《ふうび》したのだが、それから考えると隔世の感がある。「キレる」と呼ばれる現象を特徴づけているのは、行動に走る者の短絡性と動機の不明性にある。言い換えれば、衝動的としか把握できない点が従来と異なるのである。そして解釈不能ゆえにこそ、「心の闇」と取り沙汰《ざた》されるのだろう。

言語操作の欠如

けれども実のところ、衝動的な行動と「心の闇」は似て非なるものどころか、まったく水と油の関係にある。

「心の闇」という表現は、おそらく精神分析などの知見から想起されてきたものに違いないだろう。無意識の領域へ追いやられた、抑圧された欲求とか「心のおり、沈殿物」といったイメージが、そこからほうふつとしてくる。精神分析の理論に従えば、無意識の領域へ追いやられた想念は、それを当人が言語化し、意識の領域へ引きずり戻せたときに、いわゆるコンプレックスが軽減されるとされている。

想念の内容の多くは、過去の体験にもとづいている。体験の内容が本人にとって忌避されるものである場合、私たちはそれをあえて意識にのぼらせまいとするらしい。そのような働きが心にある。それを引き戻してくるのが、療法家の仕事とされている。

こうした場合、「おり」を「心の闇」から取り戻してくる作業は当然、ことばによってになわれる。そればかりではない。不快な体験を「心の闇」と化してしまう際にも、実はそれを実行するのは、ことばにほかならないのだ。それというのも私たちは、いかなる出来事であろうとも、それを記憶という形で（意識するにせよ、無意識であるにせよ）心にとどめるためには、知覚した一連の情報をいったん言語化し、「おはなし」として再編することが不可欠であるからにほかならない。

もっとも、この心の工程を個々人がどれだけ自覚して行っているかは、別の問題である。往々にして、無自覚なことが多い。結果として、自分でもわからないうちに過去の出来事を心にとどめ、しかも「心の闇」へと追いやり、そのコンプレックスに苦しみ、やがてあるときに初めて意識化できるようになって、苦しみから解放されるというプロセスが生ずるかもしれない。だがそれは、日常の生活の中で私たちが、言語を操ることをあまりに常に実行しているため、その意識がいわばマヒしてしまったことに因《よ》る。

ことばには、文法構造が含まれている。これは一種の時間順序に関する厳密な規則である。また文と文とが連なって、意味を持つ整合性のあるメッセージを作るには、いわば起承転結のある構成がもとめられる。これが私たちが心の中で行っている「語り」の核を形づくっている。いわば、鋳型のようなものだ。

ここへ、知覚された情報を流し込むことによって、内容が心の中に貯えられるのである。それゆえ、もし個々の人間の言語運用の仕方に何らかの程度差というものが存在するならば、それはそれぞれの人間の心に入力された情報の質と量に直接ひびいてくることになる。

そして現実に、ことばを操る程度には個人差が存在するのだ。端的に自分の身にふりかかってくる出来事を、心の中で言語的に再構築する傾向の高い人間と、そうでない者がいる。その後者にあたる、しかも著しく言語操作を行わない例として、「キレ」やすい人間を位置づけることができるのである。

ワーキングメモリーという考え方

どうして言語操作の程度に個人差が生ずるかというと、それはひとえにことばを用いるという心的過程を、私たちが生まれながらに、放っておいても行うわけではなく、生後の経験によって培うからにほかならない。つまり、養育・しつけ・教育といった過程の中で、習得しなくてはならない性質のものなのだ。

心の中に存在する、その実体としては目下のところ、ワーキングメモリーという概念がもっとも有力視されている。ワーキングメモリーという用語は、比較的最近になって作られたものなので、一般にはなじみが薄いことだろう。作動記憶などと訳されることが多いものの、何のことやらもう一つはっきりしない訳語なので、英語のまま使用されることの方が多いようだ。

メモリー（記憶）というと、短期的なもの（短期記憶）と長期的なもの（長期記憶）に二分できるという考え方が普及している。私たちは非常に古いことでも、しっかりと覚えているものがある。これが後者。他方、昨日の晩ご飯のおかずが何だったかは、今は覚えていても三日も経つと忘れてしまう。これが前者である。

ところが、この二種とは別のタイプの記憶があると考えられるようになってきた。例えば、Aさんに電話をかける必要が生じたとしよう。相手の番号を覚えていない。けれども、そばにいる友人のBさんは知っていたとする。そこで尋ねて、教えてもらった。聞いて、諳《そら》んじたままでプッシュホンのボタンを押す……。

電話をかける間だけ、番号を心の中に記憶として貯えておくことができる。記憶することを求められる作業が終了するや、きれいさっぱり忘れてしまう。これが、ワーキングメモリーである。

耳から入る情報だけではない。眼からの入力に関しても、同様のことが私たちにはできる。

カフェに入って、ケーキセットを注文するとしよう。ウェイトレスが「どのケーキになさいますか」と尋ねる。何種類かから選べるらしい。「テイクアウト用のウィンドーに並べてありますから、ご覧になってはいかがでしょう」といわれる。そこで歩いていって吟味したあと席に戻り、彼女に伝える……。伝えるまでの間だけ、ウィンドーのイメージは脳裏に焼きついている。そして、ほしいメニューを伝えるや、イメージは消失してしまうことだろう。このような作用をモデル化したのが、図2-3である。

私たちの脳の中には必要に応じ、耳からの情報を目的とする作業の遂行の間に限り、反芻《はんすう》しておける「ループ」がある。その中で音がグルグルとくり返し回ると考えてよい。音の貯蔵庫である。もちろん貯えておける量には、上限がある。同時に、視覚イメージを保存しておける「メモ」もある。しかもループとメモは、「中央実行システム」にリンクしている。

中央実行システムとは、先ほどのエピソードに即するならば、電話をかけたりケーキを注文したりする行為をコントロールしている部位と理解して差し支えない。主体の意志決定をになっているわけで、複雑で高次な機能を果たしている。その両輪が、ループとメモという下位単位なわけである。

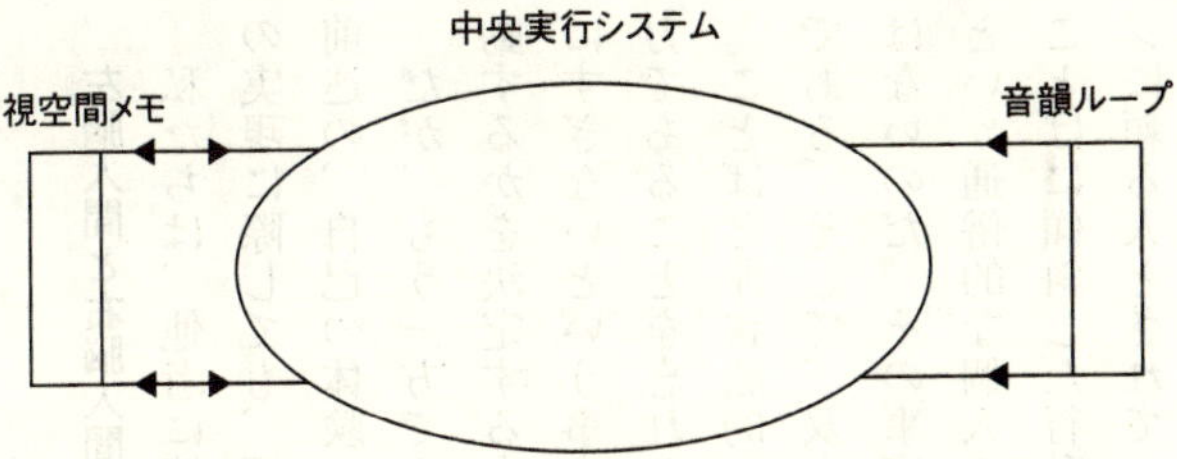

図2－3　ワーキングメモリーの概念モデル（正高信男『天才はなぜ生まれるのか』ちくま新書、より）

しかも、この図式は単に仮説としての模式図にとどまっているわけではない。脳の機能が、実際かなりのところこのように動いていることが、判明しつつあるのだ。端的に、ループとして聴覚的情報を一時的に保存しておくための部位が同定されている。

また、その部位が貯えておく情報は、必ずしも耳から入ったものに限らないことも明らかになってきている。

というのも聴覚入力として主要な地位を占めるのは通常、音声によることばであるのは当然の成り行きである。しかし私たちは、外から言語情報を受動的に感知するばかりではなく、現実の声に出さないまでも日常的に、心の中で声にして発することで、思考・判断・意志決定を実行している。その「心の中の声」もやはり、同じようにループに貯蔵されることが、わかってきたのである。

左脳人間と右脳人間

私たちは、他者に情報を伝えるためにだけ、言語を用いるわけではない。自分自身の行為の実現に際しても、「内なる言語（内言語）」に大きく依存しているのである。むろんそこに前述の、自己の体験の「おはなし」としての再構築が含まれるのは、いうまでもない。

だが、もう一方で注意しなくてはならないのは、中央実行系が最終的にどういうふうに作動するかを決定する上で、ループに入った言語情報が果たす役割は、あくまで部分的なものにすぎないという事実だろう。もう一方に、視覚情報がある。しかもこれは、非言語的な入力であることを忘れるわけにはいかない。

ことばと非言語的な視覚イメージの両方によって、主体の場面ごとの行動は左右されるのである。そして、双方のおのおのが全体の中でどれほどの比重を占めるかは、決して一定ではないのだ。その事実を、私たちはすでに経験的に熟知している。「左脳人間」「右脳人間」という通俗的な個人の行動・思考パターンの分類からも、それは明白である。左脳人間が、ことばに傾斜した行動・決定をするタイプの人であるのに対し、右脳人間とは、視覚イメージに頼る人とされている。

「左脳」「右脳」というネーミングの由来は、いたって単純だ。ふつう右利きの人間では、言語をコントロールする脳の部位である「言語中枢」はおよそ九割の確率で、左半球に局在することが知られている。それゆえ左半球は、言語脳とも呼ばれることがある。これに対し右半球は、非言語の機能を担当するといわれる。左はデジタル的思考、右はアナログ的思考と対応づけられることも稀ではない。

だから「左脳人間」とは、主に左脳を使って言語的・デジタルな発想をする傾向のある者。他方、「右脳人間」は右脳に依存して、非言語的・アナログの発想をする者、というニュアンスが込められている。

厳密に科学的な立場からすると、このネーミングはお世辞にも実態にそったものではないことが明らかとなってきている。なるほど右利きの人間のほぼ九〇パーセントで、言語中枢が左半球に局在するのは事実に違いない。右半球が左よりも、非言語的な情報、すなわち視覚イメージのような内容のものの処理に大きく関与しているというのも誤りではない。

しかし、機能の分担は一個人の脳の内部で、さほど明確に分かれるものではない。左と右の差異は、程度差にとどまり、言語・非言語いずれの情報についても、左脳・右脳のいずれかしかかかわらないというようなことは絶対といっていいほど生じない。まして、個人によって、左脳ばかり用いたり、右脳ばかり使ったりするというようなことが起こるとはとても考えられない。

ただし、極端に単純化したカテゴリーであるにもかかわらず、こうした発想には非常に重要な含意がある。なるほど脳の左と右という分け方は対応しないものの、ワーキングメモリーの図式に照らし合わせてみると、違った解釈ができる可能性も成立するからである。

つまり脳の左を使っているか右を使っているかという問題とは離れて、ワーキングメモリーの中央実行系に入ってくる情報が、主にループを使うものなのか、メモからなのかによって、最終的な決定が大きく振れる余地がある。むろん、ループに依存すれば、それは、判断が言語的発想に彩られることとなる。つまりデジタル的、いわゆる「左脳」型だ。一方、メモに依存すると非言語的イメージの色彩が強まる。アナログ的、いわゆる「右脳」型となる。

そして「キレ」やすい人間の行動決定というものを見た場合、それは圧倒的に後者、しかも極端に視覚的イメージに依拠して実行されているという感がたいへん強いのである。

瞬間に生きる人間

ループに貯えられた言語情報に固有な物理的特性として、反芻ないし持続ということを挙げることができる。音刺激はかなり長時間にわたって心の中をめぐる。だが視覚イメージはそうではない。

先に私たちは、耳から入った刺激を心の中でめぐらすことができるのと同様に、眼から入った刺激も心にしばらく焼きつけることができると書いた。しかし実は、音が響きつづける時間とイメージを焼きつけておくことのできる時間には、圧倒的なひらきがある。後者はせいぜいショーウィンドーのケーキを見て、席に戻るまでの間くらいの長さしか保持できない。そのあとは思い出そうとしても、像を復原できないのがふつうなのである。

だからイメージにもとづく決定は、おのずと瞬時になされることとなる。つまり、決定をした内容をあらためて点検する余裕がないのだ。逆に、言語にもとづく決断は時間を要する。ついついくり返し、内容を検討してしまうためである。つまりループからの情報による判断は、逡巡《しゅんじゅん》的であるのに対し、メモからのものは衝動的という特徴を持つ。

通常は双方がほどよくミックスされた状態になっている。けれど判断がメモからのものに一方的に偏ると、往々にして行動は途轍もなく瞬間的、すなわちあと先を考えない側面を見せるようになる。それが時として、「キレる」という形となって現れると考えられるのだ。

そして昨今、そういうタイプの人間は確実にその数を増していると考えられる。なぜか？

明らかに生活のＩＴ化の影響と想像されるのだ。

ＩＴが極端に視覚に依存していることはあらためて指摘するまでもないだろう。その典型が、すでにふれた通りケータイである。ケータイによるコミュニケーションのサル化が、言語による情報処理に依存しない思考判断傾向を加速化させている。それについては、もう詳しく書いてきたが、もう一つ、例を紹介しよう。

先にループからの情報にもとづいてワーキングメモリーを使う日常生活の例として、電話をかけるケースを紹介した。しかし現実には、私たちは、かける相手の番号を覚えていないときに、そばにいる友人などから教わって電話することすら、めったにないような生活スタイルになりつつあるのだ。

ケータイでは、知人の番号はおそらくまちがいなく、メモリーに登録されていることだろう。それを探し出して、ボタンを押すだけで相手を呼び出す。未知の番号を検索する際でも大同小異のことだろう。番号を反芻することなど、機会がなくなってしまっている。それどころか、番号を諳んじることすら、しなくなってしまった。

確かに利便性という点では、いつでも必要に応じてメモリーを引き出せるシステムは、おそろしく便利に違いない。しかしこれが、今まで自分たちがワーキングメモリーの、とりわけ主としてループに負担させていた作業を、機械に代替させているものであることは、明々白々である。

そして私たちの身体の各部位は、使わないと機能しなくなることを失念してはならない。廃用性萎縮《いしゅく》ということばがある。高齢者がしばらく病気で入院したりすると、それだけで足が衰える。とくに運動機能についての疾患でなくとも、日常的に足を使っていないというだけの理由で歩けなくなる。

それと同じことは、脳でも起こる。それどころか、脳の方が他の身体部位より劇的に起こる。高齢者に限らず、もっと若齢でも生ずる。だから、ものごとを反芻して言語で考えなくなる。

まして、生まれたときすでに社会がＩＴ化していた今の年代の若年層となると、もっと事態は深刻だ。廃用性どころか、生まれてこの方、ループをまっとうに使ったことのない人間が大量に創出されつつある。極端な視覚人間の大量出現である。

異邦人ムルソーの行動

今日では、ワーキングメモリーというシステムは、およそ人間の情報処理の基本設定であるとみなされるようになりつつある。

しかし、このことは私たちが生まれてこの方、まったく野放しに放置された状態で育ったとしても、ループとメモを備えた中央実行系を獲得するようになる、ということを意味するわけでは決してない。

言語にしてからがそうである。私たちにはコミュニケーションの手段として、ことばを用いようとする本能を持っている。けれども、だからといって、教育なしに立派に言語的コミュニケーションをとれるようになるものでないことは周知の通りである。それどころか、むしろ涙ぐましいほどの努力を要するといっても過言ではない。同じことは、ワーキングメモリーについても然《しか》りである。

とりわけループがどの程度に発達するかは、そのループ内を循環する言語情報を操る能力と密接に関係している。具体的に、幼少期からどれほど日常的に、心の中でことばを用いて思考する習性がついているか――それによって、ワーキングメモリーは鍛えられて発達する。また発達すればそれだけ、ループを活発に用いて知覚判断するようになるので、ことばの能力も育《はぐく》まれ、それが正のフィードバックとなって返ってくることとなる。

卑近な表現をとるとすれば、言語を用いて考える癖を子どもの時分からつけておかないと、ループがしっかりと働かないまま、人間は大きくなってしまうということだ。そして、昨今の日本人には、明らかにそういう人間が増えつつある。また、これからも増えこそすれ、減ることはないと推測される。それどころか、こうした人間が多数派を占めるようになるだろう。

その原因は、もう言わずもがなのことかもしれないが、視覚情報に極端に依存したコミュニケーションツールの流布であり、ケータイがそのすべてを象徴的に代表している。

もっとも、ここに書いた新しいタイプの人間像というのは、仔細《しさい》に検討してみると、実はかなり以前にすでに、その出現が「予言」されていたものであることがわかる。今から半世紀以上も時間をさかのぼった一九四〇年代の前半、アルジェリア生まれのフランス人作家のアルベール・カミュこそ、この現実を見通していた人である。

彼の書いた作品『異邦人』の主人公のムルソーは、母の死の翌日、海水浴に行き、女と関係を持ち、映画を見ては笑いころげ、あげくのはてに友人の女出入りに関係して人を殺し、動機を「太陽のせい」と答える。

逮捕され、裁判所で判事に犯行の動機を尋ねられると、自らの行動を要約して、「レエモン、浜、海水浴、争い、また浜辺、小さな泉、太陽、そして、ピストルを五発撃ちこんだこと」（窪田啓作訳、新潮文庫、七二ページ）と答えるばかりである。要するに、心の中にあるのは断片としての映像にすぎない。断片が無数にフラッシュする。断片間に脈絡をつけるのは、ほとんど不可能にひとしい。

「どうして」と尋ねられて脈絡のある回答ができるのは、行動の動機づけが、何がしかループからの情報にもとづいたワーキングメモリーの中央実行系で決定された場合に限られる。というのも、回答するという行動を遂行するには、ループの機能が不可欠である。過去にループが機能した場合については、その痕跡《こんせき》を手がかりに、ループは求められる情報を中央実行系に供給することができる。

しかし、ムルソーの場合、犯行に駆り立てたのはほとんどメモからの信号であると考えられる。それを「どうして」とループに問い合わせたところで、答えようがないというものである。そこで、メモが送り込んだイメージをただ言語化して叙述するばかりという事態が出現するのだ。

そしてもうおわかりのように、これはいわゆる「キレる」行動に共通して生じる現象である。カミュの『異邦人』を読んで、「まっ白」という印象を抱くのは、私だけだろうか？

地中海の澄んだ海と、細かい砂ばかりの浜も、焼けつくような太陽もすべて、あくまでも明るい。光線をすべてはね返す白さ――それは、ムルソーの心中を何よりも雄弁に反映している。しかも闇、すなわち「黒」と正反対である。

白い心に、「なぜ」と問うことはそれ自体、まったくの筋違いというものなのだ。これからの人間の行動に動機はないことを、私たちは心に留めておかねばならないだろう。

人間は生物である。生物は自己の生存のために、瞬間、瞬間に判断を下す。その即時的判断を一時的に停止し、「私はこう思っている」と自らの心中を再認しはじめたとき、人間は単なる生物から脱却したのだが、今や出発点に逆戻りしてきている。「一匹」の存在として暮らす者に、「心の闇」などありうるはずもないのである。

第三章　ネット依存症

ネット恋愛の発達

ケータイに依存して生活することは、持ち主の生活スタイルを、従来にはなかった形へと変質させる。その典型例が、本当の意味でのプライヴェートなつき合いを、ケータイメールを媒介にしてしか行えないという形態に見ることができるのだ。

なるほどケータイは便利な道具に違いない。基本的に、どこにいようと相手もケータイを所有している限り、自由にコミュニケーションが可能である。だが、まさにその利便性ゆえに、道具として用いるべきものであることを失念してしまう。

一種のアディクション（addiction）の状態に陥ってくる。中毒、あるいは依存症の状態である。もうケータイなしでは、にっちもさっちもいかないというようになる。それが個人的な交渉の場で、もっとも端的な形で現れてくることがある。

「出あるき人間」のように、「私的」であるべき他者との出会いの場で、「公的」なつき合いを展開しだした場合、メールでの交信にプライヴァシーを求めてしまう、いわば逃避的事態が発生してしまう。そして、そういう状態がもっとも先鋭的な形で現れるのが、究極的な「私的」つき合いの場面、つまり性的な交流においてであるのは、当然の帰結である。

「ネット恋愛」――コンピューターを介して異性を見出《みいだ》し、メールで交際するというコミュニケーションは、こうした事情を考慮せずには、およそ理解不能なものではないだろうか。

ネット恋愛の流布に特徴づけられるのは、性交渉と恋の、限りない乖離《かいり》という点につきるように、私には思えてならない。世間では、しばしばネット恋愛は、日常的に交際相手を見出せない人間の代替手段と理解されている。時には、新手の風俗産業とドッキングして報ぜられることもある。

けれども商業ベースのものを除外すると、ネットで出会った異性と性交渉にまで到達する確率は、およそ低い値にすぎない。宝くじで、大金を射止めるようなものだ。もし現実的に交際相手を得ようとするのならば、お見合いクラブのようなところへ出かけた方がずっとてっとりばやい。そして現実に、お見合いクラブは繁盛している。

それゆえ、ネット恋愛に走る人には別の動機を想定する方が妥当となる。

むしろ、そうした人は純愛にあこがれている。性交渉を持つ相手に事欠いているわけではないこともしばしばある。セックスする機会はある。それでもネットに走るのである。

「恋愛はセックスだけではない」——理由を尋ねられれば、こう答えるかもしれない。これらの人々の心の中では、恋愛が恋と性交渉とに遊離している。後者は、即物的・散文的なもの。一方、前者は心の問題、プラトニックなものといえるかもしれない。逆にいうと、異性と性交渉を持つ際、彼らは「恋」心を伴わないつき合いを営んでいることになる。そこからくる殺伐とした思いをネットにぶつける。

恋愛の進化史

一般に多くの社会では、ひとりの特定の異性と性関係を築くことが倫理的であるとされている。一夫多妻もあるが、それでも特定の相手と定常的に交渉を持つべきという点は変わらない。

これに対し、不特定の複数の相手と交渉することは、不道徳とみなされる。当事者は時として「人でなし」となじられ、欲望のおもむくままに振る舞う、とんでもない者と白い眼で見られる。

　この解釈は一面では、的を射ている。しかし、ある面では大きな誤解を含んでいるのだ。なるほど本人は、性欲という点については「欲望のおもむくままに」行動しているに違いない。しかし、人間に生物として付与されている異性との恋愛への欲望は、決して性欲だけに限定されない。もう一つ、「恋」への欲望とでもいうべきものが存在する。典型的には例えば、美人・美男と楽しくおしゃべりしたいというような願いと書けば、イメージしていただけるだろうか。それは、多人数の異性とセックスしたからといって充《み》たされるとは必ずしも限らない。

　むろん多くの恋愛において、性欲と「恋」への欲望は、一〇〇パーセントといわないまでも、おのおのまあまあ充足される、というのがふつうである。ただ、時として一方のみが叶《かな》えられ、他方はまったく充たされないということが起こりうる。そして実際に、そうなったあげく後者を何とかしようとする姿勢が顕著化したものとして、ネット恋愛が認識されるのである。

　ややもすると私たちは、人間の中に生物として存在する恋愛への欲求は、性欲を充足させたいという身体的なもののみととらえがちになる。だが、それはコインの片側のみを見ているにすぎない。

恋心をときめかせたいという欲求も無視できない。それは文化的な願望であって、人間が自分たちの生活を理性にもとづいて、生物的な地平から飛躍させる過程で作り上げてきたものとみなされることが多いものの、実は一種の本能なのだと考えられるのだ。

それゆえ、生理的な性欲のみが一方的に充たされたところで、人間は恋愛をしたと満足するにはいたらない。もう一つの欲望が人を駆りたてる。そういう動きとしてネット恋愛を見ることができるのだが、こうした生物的恋愛欲求の二面性は、他の動物には見られないヒトのユニークな特徴でもある。しかも、それは人間が進化する過程で培われてきた傾向にほかならない。

それでは、どうして恋愛はこのような複雑な形態をとるようになってきたのだろうか。

美人・美男のルーツ

先に、「恋」への欲望とは端的に、美人・美男と楽しくおしゃべりしたいというような願いであると書いた。これはかなり卑近な喩《たと》えであるには違いないけれども、ある意味で他の動物の「恋」との差異を如実に浮き彫りにしている比喩なのである。

実は、美人・美男という存在はヒト以外の動物においても確認できることが、最近の動物学の研究から明らかになってきている。というよりも、動物学者たちはここ数十年にわたって、人間に見られる美人・美男のルーツを求めて、かなり精力的に、同様の現象を動物界全般に捜し求めてきた、という方が実情に近い。その結果、同じことが鳥類や哺乳類でも広く見られるということがわかってきたのだ。

なかでも、もっとも有名なのが個体の形態的特徴の左右対称性の問題である。さまざまな種《しゅ》で、繁殖のために異性はどういう相手をパートナーとして選ぶかという分析がなされてきた。すると、やはり彼らもより好みをすることが判明した。

人間に、好ましさを感じる異性とそうでない者がいるのと、類似している。だから好ましいと感ずるのは、彼らにとっても「魅力的な異性」と映っているのだろうという類推が成り立つ。

そこで魅力の原因を調べたところ、見た目の左右対称（シンメトリー）性が大きな影響力を発揮しているという報告が相次いでなされてきている。例えば、多くの鳥類がそうだとされている。

鳥のたいていの種では、オスが華美に体を飾りたて、メスは地味だ。それは繁殖に際しメスが選ぶ側で、オスは選ばれる側にあるからにほかならない。そこで、ではどういうオスがよく選ばれるかを観察したら、けばけばしい羽毛の模様がシンメトリーであると、メスに好まれることがわかった。華美な羽毛というのは、単に色が派手というだけにとどまらず、模様が複雑化している。それが、体軸をはさんで左右で対称の方がよいというのである。

なぜ、その方がよいかの原因も明らかにされてきた。シンメトリーであることは、当事者が健康であることの「証《あか》し」だという。鳥にとって、健康か不健康かの最大の差異は、寄生虫の有無とされている。寄生虫に侵されていると、体色がくすんだり、さらに模様が左右非対称になる。もちろん不健康なオスというのは、子孫を残すためにつがう相手として、避けなくてはならない。だからメスは彼らを好まない。

むろんメスには、健康・不健康の指標についての知識が与えられているわけではない。ただメスは無条件に、左右の対称性が高い異性にひきつけられるように知覚メカニズムがセットされている。つまり、そういう相手を目にすると、魅惑される。結果として、健康な子孫を作る原動力として働いている、というわけである。

同じことは、トナカイなどでも確認されている。もっとも、トナカイには羽毛はない。その代わりに指標となるのがツノである。彼らのツノは大きく、しかも途中でいくつもに枝分かれしている。

その枝の分かれ具合を調べてみると、右と左で対称なパターンを持つオスが、メスにはより魅力のある異性として好まれるらしい。やはり寄生虫がツノの発達に大きく作用することも判明している。

人間の社会においても、シンメトリーは「調和」というニュアンスをはらみ、古代から好ましさをもって取り沙汰されることが圧倒的に多かった。それには生物学的ルーツと整合性があると動物学者は主張しているかのような印象を受ける。

美しさの生物学的基礎

実際のところ、鳥やトナカイでの知見にヒントを得て、人間の美しさの生物学的基礎を追求した研究は、決して少なくない。

合成顔写真を用いて、ハンサム・美人を判定させたものなど、その典型といえよう。私たちの顔というのは、微妙に左右が非対称になっている。そこで真っ正面から垂直に頭部を二分し、片方を反転させたものを、もう一方につなぎ合わせたモンタージュイメージを作る。

この技法で、いろいろな表情をしている人物写真を呈示してみると、そこに映っている顔はきれいに左右対称のスマイルなんかを浮かべていることになるのだが、そうすると現実の表情より見る者に好印象を与えるのだという。被写体が若い女性だったりすると、チャーミングな微笑《ほほえ》みと受けとられる傾向が高くなる。

もっとも鳥やトナカイと異なり、人間の非対称性は寄生虫の生存の反映とは考えられない。そもそも私たちは、およそ誰でも、生まれた直後には左右対称の顔である。それが発育するにつれて、ある者では非対称になっていく。その理由としては、疾病やストレスなどの外部要因が想定される。

だからひるがえって、左右対称が好まれるのは、生まれたままの状態に近いのが望ましいことを意味している、ということになる。つまり環境要因によって、外圧を加えられなかったもの、あるいは外圧によってはくずされない強さを持ったものを選択するメカニズムが人間にはある、という解釈が成立する。

顔ばかりではない。女性の乳房についても、対称性の程度を調べた報告がある。やはり、左右対称なものの方が男性に好まれると分析の結果は述べている。

ただし人間ともなると、ただやみくもに対称であればいいというものでなくなってくるのも事実である。他の要因が美の規定要因として占める比重は、ほかの動物より増してくる。左右対称な顔を合成写真で作ると、確かに非対称より好まれることは、間違いないのだけれど、効果は鳥やトナカイほど絶対でないことがわかってきたからにほかならない。

そこで美の研究者は、いろいろな可能性を検討してきている。顔の中の目や鼻や口の造作やプロポーション、髪や皮膚の色、等々……こうした研究は世間やマスコミの注目を浴びることも手伝って、一向にネタがつきないような気配である。

美的感覚と現実の行動との乖離

しかしながら、アプローチは多岐にわたってきているものの、一つ肝心な点にふれることのないままに、人間の美人・美男の研究は問題の表層をなでただけに終わっているように、思われるふしがある。

それは何かというと、つまるところ個々の男女が配偶者を選ぶ際に、相手の容姿を美しいと感ずることはどれほど大事なことなのかということである。美しいと評価されると、本当に配偶者を得る上で有利なのか、またどの程度に有利なのか。

鳥やトナカイでは、どうもその効果は絶大であるようである。しかし人間では、なるほど何がしか有利には違いないものの、絶大といえるかどうかははなはだ疑問に思えてならないのだ。もしそうならば、世の中には美男と美女が互いに惹《ひ》かれ合って結ばれたカップルがもっといてもよさそうな気がする。

なるほど、文化の違いを超えた美しさの基準があることはまちがいないだろう。ただ、他の動物に比べると、価値ははるかに多様化している。むしろ普遍的な感性は、進化の残存物とみなすことの方が妥当であるように私には思える。

メディアにはカワイイ女の子やハンサムな男が登場して、確かに人気を博している。だが、どうしてそういう者が人気を呼ぶかというと、普段、まさにふつうの人間は、「美しい」かどうかということを自らの行動を決定する際の尺度に用いていないからではないだろうか。「美しいことは、すてきである。しかし、とりあえずのところは、そんなことは置いときましょう」という雰囲気で、対処する。それは異性とのつき合いにおいても例外でない。

なぜ他の動物と変わってきたかというと、異性というものを配偶の相手とみることは基本的に同じであっても、配偶者そのものの役割が繁殖以上に多岐になってきたからではないだろうか。鳥などでは、異性は子孫を残す営みの対象と直結するが、人間ではさほど直接的に結びつかないのである。

そもそもヒト以外のほとんどの動物では、異性間の出会いというのは日常の生活時間のうちの、ごく限られた間にのみ生ずるものにすぎない。性ホルモンの作用によって、繁殖を個体がめざそうとするとき、彼らは配偶者を求める。そこで相手を見出す手がかりとして使用されるのが、形態の左右対称性のような特徴というわけなのだ。

動物が人間のように美しさを感じているかどうかははなはだ疑わしい。また何がしかの感性を備えているにせよ、それは「交尾を誘因する」手がかりにほかならない。そして交尾が終わると、性衝動は低下し、もはや何も感じなくなってしまう。

もっともなかには、繁殖が終了してもなお、異性との結びつきを維持する動物もいないわけではない。だがそのたいていは、交尾ののちに誕生してくる子孫を養育する必要に迫られての結びつきである。産みっぱなしでは子どもが育たない種、あるいは産みの母の養育だけでは不十分な種では、両性が子にエネルギー投資をしなくてはならない。そこである段階まで育つ間、関係を維持することとなる。「子はかすがい」を地でいくわけである。こうなってくると、美男・美人とつながうことがベストといえるのかどうかは、若干あやしくなる。「子育て上手」あるいは「子育て熱心」な異性を捜し出すことも、パートナー選択においてけっこう大切な要因となるのだが、「美しい」という特徴が、それを充たすとは限らなくなるからにほかならない。もっと別の指標も加味しなくていいのか、というふうになってくる。

繁殖から逸脱したセックスの進化

人間、および人間に近い霊長類のように、進化もここにいたると、異性を求めることにおいて、繁殖の占める重要性は、極端に低くなってしまっているのではないだろうか。

もっとも、子孫を残すことが生物として第一義の使命であることに変わりはない。変わりないけれども、ただそれのみを目的として社会生活を送るわけではなくなってしまっている。暮らしぶりは複雑化してしまい、そこで適応して生きていくには、配偶者の協力が不可欠である。その際、相手が異性として繁殖能力においてすぐれていることの意味合いは、選択において考慮すべき要素としての比重が小さくなっている。子種を絶やさないため以上の理由で、異性と結ばれる必要性が生じてきた。

そしてその必要性を満足させるため、進化は異性との性交渉そのものを活用する道を選んだのだった。その結果が、私たちの今日のセックスライフとなってきている。つまり人間は、相手が繁殖可能であるなしに頓着《とんちゃく》せずに、性交渉を持つようなライフスタイルを進化させたのである。

ニホンザルに代表されるマカクと総称される霊長類、それより高等な類人猿など、および人間においてのみ、メスには月経周期が見られる。つまり排卵が規則的に、およそ四週間のサイクルで起きる。むろん排卵の前後以外に性交渉を持ったところで、繁殖は不可能だ。ニホンザルなどを観察してみると、排卵期にメスは発情の兆候が外見上も行動上も顕著となる。

だから交尾が集中的になされる。妊娠を効率的に実現するために、自然の摂理が働いていることが実感できる。しかし人間はそうなっていない。長い歴史の中で、ごく最近まで、人類は月経時に女性がもっとも妊娠しやすいと誤解していたというのは、あまりによく知られたエピソードである。だから子どもが欲しいと願うカップルは、見当はずれの時期に子作りにはげんでいた。

どうしてこのような途方もないことが起こっていたかというと、人間の女性には排卵に伴う発情がないからである。それは逆にいうと、人間は生物として発情を異性に対し隠蔽《いんぺい》する繁殖戦略をとってきたことを意味している。

なぜ、そんなことをするかというと、いつ繁殖可能かを知らせずにおくことで、常に異性に性交渉させるべく仕向けるのが目的だと考えられる。そうやって、相手の関心をいつもこちらに引きつけておくのだ。結果として、異性間に永続的な絆《きずな》が形成される。つまり性をてこに、人間は性的関係を超えたパートナーシップを築くべくプログラムされているのだ。人間以外では、同様の性交渉のパターンは、ボノボといわれる通常よりやや小型のチンパンジーでも観察されている。彼らは、ほとんど社会的あいさつのように、性交渉のまねごとをするという。性器をこすり合うなどして、「非性的」なコミュニケーションをはかる。親和的な意志表現として、性交のパターンが本来の文脈から切り離されて、「濫用《らんよう》」されるのである。

あいさつとしての性交渉

あいさつ代わりに性交渉を行うため、ボノボでは性行動そのものの形式が多様になっている。そもそもボノボ以外の動物では、性交とはずばりオスが生殖器をメスのそれに挿入して、精子を注入することだけにつきるといっても過言ではない。繁殖という機能を考えるだけなら、それで十分のはずだ。

ところがボノボでは、射精を目的とせずに互いが生殖器をこすり合うなどする行動が、頻繁に観察される。どうみても、それで楽しんでいるとしか考えられないと研究者はいう。このような交渉は、同性間でも同じぐらいの頻度で生ずる。

そしてヒトの性行動は、どう考えたところで、ボノボの延長線上に位置すると解釈せざるをえないのである。乳房に大量の脂肪が蓄積する現象は、ヒトの成人女性にのみ生ずる。成人男女では身体のさまざまな部位に性感帯ができ上がっている。男性が性器を女性に挿入するのにとどまらず、性交渉はキスや、いろいろな形のペッティングで構成され、射精にいたらないことは決して珍しくない。

しかもお互いに、射精を伴わない身体接触をそれなりにエンジョイすることができる。また、交渉は、女性の生理周期と無関係になされる。しかも交渉の相手は、必ずしも異性でなくともかまわない。有史以来、人類には同性愛の記録が残されている。

つまり人間には生物として、他者と親和的な関係をとり結ぼうとするにあたって、広い意味での性交渉を媒介とする傾向が生来、備わっているのだろう。放っておけば、誰でも乱婚的に振る舞えるのだ。

乱婚的とは、原則として、相手の如何《いかん》にかかわらず性交渉を持つことの可能性を示唆している。つまり、相手が美男・美人であるかどうかといった配偶者選択の原則は、大して重要ではない。

なるほど人間にも、鳥やトナカイから継承した美しさを知覚する感受性があることは事実である。けれども、相手が美しいか否かはさておき、その判断とは別に性交渉を営むことができるようになっている。ちなみに、ボノボにもやはり「美人」「美男」はとくに見当たらないらしい。

もっとも、相手の見た目がまったく意義を持たないというわけではない。ただ鳥やトナカイのように、配偶者として選んだ相手が望ましい形態的特徴を所有しているならば、それでもう満足してしまって、性交しておしまいというふうにはなっていない、ということである。セックスそのものがコミュニケーション手段と化しているので、それを楽しめる相手かどうかは実際に実行してみないとわからないし、形態的特徴の如何は判断材料とならないということを知ってしまったということである。

そして、セックスがどうしてコミュニケーションの機会となりうるかというと、相手と心理的絆を形成することができるからであり、それが相手に魅了されるという感受性を下敷きにしている点で、やはり、鳥・トナカイと共通の基盤があることは否定できないのである。

だから異性と性交渉をいくら持ち、いくら身体的快感を得ても、相手に惹《ひ》かれ、絆を持ちたいという欲求が充たされないと、本当の満足は得られないことになる。反対に、外見的に惹かれる異性と出会い、親和的な人間関係を築くことができたとしても、身体的快感を得る機会がまったくないままであるならば、それもまた不満の種となる。

そして日常生活で前者の状態にある人間が、その不満を充たすためにすがりつく一つの手段こそ、ネット恋愛にほかならない。

役割演技を楽しむ

ネット恋愛は、ロールプレイングゲームの要素を多分に含んでいる。相手の正体は定かでない。というより、定かでないことそのものを楽しみの種としている。出会い系サイトをのぞけば一目瞭然《りようぜん》だ。

サイト内では女性が圧倒的なパートナーの選択権を持つ。男はほとんどが女の気をひこうとがんばるのみである。

結果として、「ネットオカマ」と呼ばれる存在が多数出現している。本当は男であるにもかかわらず、女になりすましてサイト上に出現する人間のことである。略してネカマというらしい。投稿する男たちの間では、「ネカマに注意しろ」という警告が雑誌などに書かれている始末である。

ただしネカマ自身の言によると、女を演技しつづけ見破られずにいるのは、高等なテクニックが必要であって、それ自体「名誉ある」行為とも受けとめられかねない雰囲気がある。異性のふりをするのは極端であるにせよ、ネット上では誰もが何がしか演ずることをエンジョイしていることに疑いを差しはさむ余地はないように思われる。

こうしたネカマの跳梁《ちょうりょう》は、ネットという媒体上で展開されるコミュニケーションの特色を集約的に表現しているように、私には思えてならない。程度の差はあれ、何がしか、現実世界の「私」とは異なる「私」になりたいという願望の実現のため、人はネットへ走ることが多いのではないだろうか。

しかも「私」というのは、つまるところ、らっきょうの皮みたいなのが実態である。むけどもむけども下から別の皮が現れる。どの皮が真実かという問いは、設問自体に意味がない。

先のネカマの話に戻って、現実世界では男である、ある人物が、ネット上では女を演じているとしよう。彼は、発言を求められれば、「自分が女なのはネットの上だけでのこと」と、「単なるプレイ」にすぎないことを口走るかもしれない。

しかし現実世界という事態が「現実」で、ネット上が「仮」の事態とする基準は一体、何だろうか。人間は、さまざまな異なる状況下で生活を営む存在である。現実と一口にまとめても、内実は、会社・学校・家庭……と、いろいろに分かれる。

ネットは、会社・学校・家庭などといささか毛色の違う場面であることは否定できない。だが、その毛色の違いは所詮、程度問題にすぎないのも事実なのである。「会社では、かくかくの『私』」、「家庭では、かくかくの『私』」、そしてネットの上では女の「私」を演じているのなら、すべての「私」の違いは相対的なものにすぎないこととなってくる。

では、ネットコミュニケーションが展開されるようになって、今までと何が変わったのか? 従来の会社・学校・家庭……という状況の多様性では、変わりようがなかったほどの大きな自由度で、人間は「私」を一時的に変貌《へんぼう》させる自由を得た、ということにつきるのではないかという気がする。

夢とうつつ

そしてケータイ人間とは、その自由度を最大限に近い程度に、活用している人々ではないだろうか。つまりネット上においてと、ネットを介さない、いわゆる日常の生活においてで、対極をなすような対照的な生活をめざしている印象を持つ。

その典型が、異性との交渉の場面で見られる。つまり、現実では散文的な性関係を維持する一方、ネット上では純愛に近いロマンスを展開する。あえて乱暴な表現をとるならば、現実にはヒトとしての動物的な振る舞いに徹し、生物としての欲求の充足をめざす。他方、ネット上では文化的行動を志向するとも言い換えることができるだろう。前者の状況では、身体的な行動をとり、後者では精神的な願望を充たそうとするともいえる。

結果としてネットでやり取りされる異性間のメールの内容は、現実とは正反対の様相を示すこととなる。女性の役割は、ほとんど女王様。男はそれにかしずく奴隷だったりする。男は女が気にいるような、ウィットに富んだメッセージを送らねばならない。そうしないと、あっという間につき合いの相手として、はねられてしまう。

要は、「かぐや姫」の世界である。

『竹取物語』は日本文学史上、最古のフィクション文学作品であり、かつ不朽の名作とされている。なぜ、かぐや姫が一〇〇〇年にもわたって愛されつづけてきたのか。解釈は多岐にわたるものの、何といっても現実にはおよそ起こりえない男女関係でなかったならば、そもそもフィクションとして定着することすらなかったという点で、異議が差しはさまれる余地はないだろう。

つまり、およそ日本の基本的な男女関係としては、ありえない要素をはらんでいる。それゆえにこそ、「あこがれ」が生ずる。そして『竹取物語』の成立から一〇〇〇年という年月を経て、フィクションはネット上で具現化したのである。

ネットの、ファンタジックな側面を無視することはできない。だからこそ、人々をひきつけ、耽溺《たんでき》させることも珍しくないのだ。夢の世界と書けなくもない。

こう書くと、「そら、やはり夢にすぎないではないか」と反撥《はんぱつ》される方も少なくないだろう。「夢ならば、いつか醒《さ》める。醒めたときに戻ったところがうつつ（現実）で、本当の世界だ。その夢の世界での出来事など、大したことではないのでは」と。

しかし、それは夢の作用を軽く見ていることになる。夢が健全な心理現象でありうるのは、それが一時的なものにすぎないからであり、また反復して継続することがない限りにおいてである。いったん持続が可能となると、中毒をひきおこす。

覚醒水準の多層性

ネット上でコミュニケーションしている状態を、一種の夢を見ている状況とみなすのは、単なる比喩にとどまるものではない。ふつう夢を見るのは睡眠中と相場が決まっているように思われるかもしれない。他方、うつつとは覚醒《かくせい》しているときだ、と。

だがそもそも、人間の興奮レベルは単純に覚醒しているか、眠っているかに二分できるものではないことが、最近の研究から明らかにされてきている。覚醒の水準は何段階にも分かれる。

ふだん目ざめていると考えられる状態でも、その程度はさまざまであるし、同じことは睡眠にもあてはまる。そして簡単に書くと、夢を見るとは、私たちが覚醒しているような、それでいて眠っているような、境界状態で生起する知覚現象である。

正確に書くと、見た夢をそののちも覚えているのは、眠りと目ざめのはざまに知覚体験があった際のことが圧倒的である、とされている。だから時として人間は、白日夢というようなものすら味わう。

逸話として有名なのは、山奥で修行している若い禅僧の話かもしれない。禅師《ぜんじ》に公案《こうあん》を与えられて、瞑想《めいそう》している。一心不乱に考えるあまり、夜間でさえ睡眠をとらないまでにいたっていた。周囲は、あくまで静かである。心を刺激するものが皆無に近い。

するとやがて、眼前に存在しないはずのもののイメージが見えるようになったり、あるいは聞こえるはずのない音が耳に届いたりするようになるという。

外界からの働きかけがないにもかかわらず知覚が生ずる。むろん本人は目ざめている。一心不乱に思考しているのだから、ボーッとしているのではなく、意識の集中度はたいへん高い。それでも、いわゆる幻覚作用が発生することはあるのだ。むしろ集中しているからこそ、白日夢が体験されるともいえるらしい。

脳研究の領域の中で、なぜ人間が夢を見るのかという問いについては、まだよくわかっていないというのが実情である。そもそも、どうして動物は眠るのかすら、十分に解明されていない。

ただ、脳内には覚醒レベルが低下する際、睡眠物質というものが放出されることが知られるようになっている。アメリカなどでは、睡眠誘導剤として市販されているメラトニンが、その一例だ。夜に入ると、脳内でこうした物質が大量に分泌される。

すると、身体活動を支配している脳の奥深い箇所にある脳幹といった、生命中枢ともいうべき部位の活動が抑制される。それで眠気を感じる。

眠気の発生は、脳の中心部から放射状に、周辺へと伝播《でんぱ》していくようだ。だから、睡眠物質の効力は脳の表層へ向かうほど、効果が薄まることとなる。醒める際にも、外から内へと覚醒が進む。

そして、脳のもっとも表層に形成されているのが、大脳新皮質である。だから、覚醒の抑制が中途半端であるときには、身体を支配している中枢は眠っているのに、新皮質はかなり目ざめているという状態がしばしば起こってくる。

むろん大脳新皮質は、私たちの意識とか思考と密接にかかわっている領域にほかならない。だからその場合、からだそのものは眠っているのに、意識、すなわち心はすでに活動に入っているという事態が生まれる。それが夢を見る状態といえるだろう。

白日夢の場合、確かに本人は起きているつもりかもしれない。だが、禅の修行僧が公案を考えるため、一心不乱にもの思いにふけっていたりすると、からだはあまり動くことがないので、休止＝睡眠状態へ近いところへ陥ってしまう。にもかかわらず、新皮質の活動は猛烈に情報を生成するため、眠りの中の夢体験とよく似た心的現象が起きることになってしまう。

ネット上での願望成就

夢を見ている状況下で大脳新皮質が活動する様子は、基本的に目ざめている場合と何ら変わりはないとされている。ただ唯一かつ最大の相違は、前者の場合、外界の知覚の情報が欠落している点にある。

ふつうならば、外からの入力をベースにして新皮質は意識活動を実行する。ところが、ベースになるものがないわけである。そこでやむなく、脳のうちに貯えられている情報を掘り返し活用する作用が生ずる。記憶されているイメージが引き出されてくることとなる。

といっても、ためこまれている情報の量は膨大である。そこからどういう内容のものがより頻繁によみがえることを求められるのだろうか？

その際の基準を明らかにするのには、当事者が日常、目ざめているときに外の世界に対し、何を求めているかが鍵となってくる。つまり成就したらいいなと普段から願っている内容が引き出されてくることになるのだ。

むろん個々人が日常、何を願っているかは人それぞれである。しかし、人それぞれであっても、社会文化的状況によって大きく限定される。結果として、人が夢想する内容は現実の世界で人が望んでいて果たせないことがしばしばとなるのだけれども、それがまさにネット上で展開される。

しかも、ネットは睡眠中に見る夢と違って、物理的に果てしなく持続が可能である。寝ている際の夢なら醒めて、現実にひき戻されるが、ネット上では望めばそこへ戻っていくことができる。それゆえ、現実から逃避するための手段と化す。

夢は醒める限り、精神的によい作用を及ぼす。現実をああいうふうにしたいという力を与える。しかしそれが逃避の世界と化すや、現実をそこへ近づける努力は、成立しなくなる。

結果として現実とネットでは、まったく二律背反の原理の世界が同時進行して成立することになってくる。人間は、二つの違う世界で二つの異なる自己を持つことになる。

そして今日の日本における異性間交渉の状況は、二律背反の世界の同時成立にうってつけの事態と化している。つまり一方で、あいさつもどきの性関係が展開する。だが人間は、性欲を充足させるばかりでなく、美しい恋愛関係を持ちたいという欲求も捨てきれないでいる。それを充たすのに、ネットはうってつけの場を提供してくれる。

これは一種の人格解離ととれなくもない。文化的行動は、コンピューターの画面を介してしか生じない。もし睡眠中の夢なら、目が醒めたとたん、人は現実の世界にうしろめたさや嫌悪感を持つ。現実がこうであってよいのかという思いが、日常の行動の修正の動因となり、均衡のとれた異性関係の復原力となる。

しかし解離してしまうと、ネット上も日常生活場面も、人間は正当化してしまうこととなる。あげくのはてに、どちらがリアルで、どちらがヴァーチャルなのかという区別が消滅する。昼はヒトという名の霊長類、夜は文化の衣をまとった人間、という何とも奇妙な使い分けが、一個の存在において共存することとなる。

いったんはまると、抜けるのはたいへんむずかしい。ネット依存症、あるいはネット中毒の誕生である。

あやういシステム

くり返すことになるが、ネットのあやうさは、ごくわずかの知覚的な手がかりしか、本当は画面の向こうから私たちに与えられていない点にある。それをもとに、私たちは自分自身が貯えている情報を、自前で勝手気ままにくりひろげては、悦に入ってしまうのである。自己充足の極みだ。もし相手にそのつもりがあるならば、途方もなくたやすくコントロールされてしまう。ネカマがはびこることができるのも、そういうスキを突くからと悪く解釈できないこともないだろう。姿かたちの見えない者に、操られてしまう危険性は常についてまわると考えなくてはならない。とんでもなくあやうい世界である。

いや、あやういことを意識するにせよ、しないにせよ、察知しているからこそ、よけい魅惑されるのかもしれない。

その結果、交信している相手を恣意的に想像してしまう。正確には想像せざるをえないほどには手がかりが与えられていないのだが、実際に実行してみると、想像することがむしろ楽しくなることがある。そうして、楽しいと感じだしたとき、人はネットにはまるのだろう。

想像でイメージをふくらませるのは、相手ばかりに限らない。自分のイメージ自体も、恣意的に作り上げることができるのだ。先述のネカマがその典型である。

そもそも他者のイメージと自己のイメージは、互いに独立にあるわけではない。自分としては最初はウソのつもり、あるいは冗談のつもりで「女性です」と名乗ったとする。それに相手がひっかかった。自分を女として接してくる。すると自己のイメージは、それに束縛される。

「ウソでも、一〇〇回演じているとマコトになる」ということがある。女性として対応されていくうちに、それが本当の自分の姿と化してしまう。日常の生活では男であっても、いったんコンピューターに向かうと女になる、ということは実にたやすく起こる。

自己の分裂である。最近しばしば、多重人格の話を耳にするようになった。精神医学用語では人格解離と呼ぶ方が適切なのだろう。状況に応じて、ひとりの人間が異なる人格として振る舞う病理現象であるが、程度の差こそあれ、そのような素因は誰にでもある。環境さえ整えば、大なり小なり誰でも「複数の私」を持つことは可能なのだ。

だが、複数の私を巧妙に使い分け「きる」のは、たいへんむずかしい。そして、使い分けを一つ誤ると、事件となることも珍しくない。その現実例が、『出会い系サイトと若者たち』

（洋泉社）という本に紹介されている。著者の渋井哲也氏は、ネットコミュニケーションについて精力的に取材してまわっているライターである。

高校教諭殺人事件

渋井氏が取材したのは、関東の高校で教師をしていた男性が巻き込まれた事件である。氏は、当事者を仮名とことわった上で石田と書いている。以下、引用する。

石田教諭はハンドルネームで「イッシー」を名乗り、「アッコの部屋」というHPを開設していた。そのネーミングの由来はアニメの「秘密のアッコちゃん」からで、「（アッコちゃんは）コンパクトで変身できる」「パソコンに向かっているときは、仕事や現実のことを忘れて、楽しく会話したい」「パソコン通信を始めたときに、つけたハンドル名がアッコでした」と説明していた。

仕事や現実を忘れるためのHP。パソコンは石田教諭にとって、「コンパクト」だったのだろう。パソコンを使って変身し、HPのなかでの世界は、まさに現実を忘れるためだった。それほど、逃避したい「現実」があったということだろう。そして、その目的は、メル友やPHS友達、ポストペット仲間、プリクラ交換の募集だった。さまざまな掲示板でも書き込み、自身のHPを宣伝して回っていた。それほど、出会いに欠乏していたのだろうか。

石田教諭はいくつかのHPを開設していた。その一つに載せていたプロフィールには、

【住所】埼玉県越谷市在中!!（著者注：在住の間違いか？）
【職業】コンピュータ関係
【趣味】パソコン・プリクラ・スキー・鉄道模型・ドライブ
【身長】180cm【顔形】面長く眼鏡かけてます。
【愛車】三菱デリカワゴン　スペースギア

などと書かれている。たしかに、石田教諭は外見的には面長であご勇《いさむ》似でおとなしそうだ。「面長く」などとよく自分でも特徴をとらえている。しかし、HPでわざわざメル友募集を呼びかけたのは、現実の女性との交際が得意でなく、孤独な心境だったのだろうか。

ただ一方で、見合いの話は嫌がり、交際する女性を自力で見つけようとしていた。

しかし一見、三七歳が開設したとは思えないHPだ。ネット上では二四歳を自称しており、内容的にも、女子高生とプリクラのやり取りできて嬉しいと日記に書いていた。

やがて彼はネットで知り合った二人の女性と現実に交際を始めるものの、やがて金銭トラブルを起こし、ついには殺されてしまう。

この事件のように殺人にまでいたるというのは、極端な例であったとしても、ネットの中の世界はあくまで、日常の生活と重複させない限りでしか、安定して成立しないことは明白である。ただ人間には健全である限り、人格の解離を解消しようとする、いわば復原力のようなものが働く。よって多元的世界に生きつつ、世界の一元化への衝動にIT社会の人間は終生、苦しむことになるのだ。

ネット心中の誕生

出会い系サイトの内部での、異性関係のもつれというものもまた生じていると、渋井氏は指摘している。ネットの上で、ひとりの女性を複数の男性が奪いあい、三角関係となったあげく、別の男性に女性を取られると思った男が女と無理心中をはかったケースが報告されている。古い表現で書くならば、「情死」事件にほかならない。

日常では、男女はきわめて乱婚的でドライな性関係を持ち、動物的な振る舞いを展開するにもかかわらず、ネットを通じては、およそ欧米にないような文化的、古典的な恋愛のもつれが生き残っている。生き残っているどころか、ネット心中は社会現象として、定着しそうな勢いを持っているのかもしれない。

ふたたび渋井哲也氏の著書『ネット心中』（NHK出版）によると、情死はきわめて日本的な現象で、もっとも流布するようになったのは、江戸中期、近松門左衛門の「心中物」が発表されたころであるという。

もともと心中は、「髪切り」の代名詞だった。「髪切り」とは、女が、表面では男に恨みがましく接して再び逢うまいとするのだが、実は心残りがあることを知らせて、男を引き寄せる手段だ。しかしこの頃は、心中は情死の代名詞として変容を遂げる。

これを受けたのか、心中は流行となり、「心中伝屍病《でんしびょう》」といわれるほどにもなった。つまり、心中の伝染性は指摘されているのである。その心中の流行を防ぐため、幕府はついに動き、心中の禁止令を出したのだ。心中浄瑠璃、心中演劇を禁止し、言葉としても「心中」という言葉を使用するのを禁止した。二文字合わせると徳目を表す「忠」となるため、不埒《ふらち》だというのが理由だった。そのため、「相対死《あいたいじに》」と改称させたのだ。

さらに、一方だけが生き残った場合は殺人犯、両方生き残った場合は非人としたという。にもかかわらず、心中が止むことはなかった。そう考えれば、法による規制や加罰化をすることが効果的な対策ではないことがわかるだろう。

また、『にっぽん心中考』（佐藤清彦著、文春文庫）によると、明治四〇年代には情死ではない形の心中があったようだ。それによると、当時の遊郭娼婦《しょうふ》と客との間には、自殺願望の娼婦が「一人では寂しい」ので、客に道連れ心中の申し出をしていたという。つまり遊郭は、単なる性的な遊び場ではなく、そうした娼婦にとっては心中相手を探す場であり、自殺系サイトのような役割を果たしていたのだ。

「ある娼妓《しょうぎ》などは、客が来るたびに情死を迫ったという。たいていの男は逃げ出すが、逃げては損と泊まった男も夜中に気配を感じて飛び出したりする。女が積極的に死にたがっているのだから、薬物を飲むときは、女のほうがどっさり飲む。刃物を使うときはまず女が切られる。だから、男よりも女のほうが、常に〝成功率〟が高い。一般に刃物は失敗しやすい」（『にっぽん心中考』）

いずれにせよきわめて日本文化的な生が、ネット上では脈々と継承されてきている。現実世界が散文化・動物化を遂げれば遂げるほど、一方でモニター画面の中では結晶度の高い、文学性のあるコミュニケーションが展開する。それは生物としての人間の欲望の二面性を反映した、一種不可避の結末なのである。

第四章　文化の喪失

文明と文化の違い

「文化的な生活」という謳い文句がある。日本国憲法第二五条にも、国民は「健康で文化的な最低限度の生活を営む権利を有する」と書かれているはずだ。けれども、いざ「文化的」とはどういうものかとなると、ピンとくるものがない。

端的に高度情報技術は文化的なのだろうか。電話が普及し、ついでＦＡＸが使えるようになり、そしてケータイが流布するにいたって、私たちの生活はより「文化的」になったのだろうか？

もしそうといえるなら、技術の発展によって私たちの文化が進歩した、ということになる。

しかし私は、決してそうは思わない。むしろ反対に、文化という次元では現代日本人は退歩しているとさえ考えている。それを、より文化的な生活になったと表現するのは、文化というものと科学技術を混同しているからだと思えてならない。科学技術というのは、文明と言い換えても差し支えないだろう。少なくとも今日では、文明の実体のかなりの部分をになっていることはまちがいない。けれど文明と文化は、必ずしも同じではない。

どこが違うのか？　それには文化という概念の指し示す内実を、機能論的にとらえてみることが有益だろう。

集団内凝集性と集団外排他性の促進

生物の世界で「文化」というと、すぐ引用されるのが宮崎県串間《くしま》市の幸島《こうじま》というところに生息するニホンザルの行動である。人間からエサとして与えられたサツマイモを、浜辺で海水に浸して食べる、というのである。

あるとき、一頭のメスのコドモが、塩味をそえることを学習した。たまたま海辺で、手にしていたイモを海中に落としたのだろう。拾って口に入れると意外によい味がした。それ以来、あえて湿らせることにした。

すると同様の行動が集団の他のサルにも伝播していった、という。そして、世代を超えて継承されていく。むろん、他の地域のニホンザルは決してそんなことはしない。だから、幸島のサルには文化があるとたいへん話題となった。高校の生物の教科書にすら紹介されている。

私は、これをただちに人間の文化と対等とみなすつもりはない。ただ、萌芽《ほうが》的な側面を有していることはやはり事実だろう。それは何かというと、個々のサルが生後に環境の中で学習した行動が、集団単位で時間を超えて維持されているという点である。文化とは、外縁の明確な集まりの中で、メンバーによって斉一的に共有されていなくてはならない。そして世代から世代へ伝えられていく。

ただし、イモ洗いは所詮イモ洗いである。幸島の発見以降も、類似の報告は霊長類では少なくない。チンパンジーでは、ある地域でのみ、石を用いて木の実を割る行動が見られるという。

しかし人間の文化と一線を画すのは、サルの場合、たかだか個々の生物の嗜好《しこう》にとどまっているという事実だろう。なるほど、幸島のサルはみんなイモ洗いをするから、他の集団と違って塩味のおいしいものが食べられる。石で堅い木の実を割れるチンパンジーは、他の集団が味わえない食物をエンジョイできよう。けれども、地域独自のノウハウを編み出しはしても、恩恵を被るのは個々にそれを行うサルである。

他方、人間の文化は、個々人が文化的な要素をはらんだ同一の行動を実行するとき、そこで連帯の意識を持つ点でサルと異なるのだ。ニホンザルは、自分がイモ洗いをしつつ、仲間が同じことを行っているのを目にしても、親近感は抱かないだろう。ところが人間ならば、無自覚のうちに相手に共感を抱くに違いないのだ。

反対に自分がしないことをするのを目撃すると、敵対意識を持つかもしれない。例えば、食事に際し日本人は箸《はし》を用いる。それが、インドやインドネシアからやって来た人を食事に招き、突然手で食べだすのを目にしたら、嫌悪感を持つのではないだろうか。しかもたとえ、向こうではそういう習慣なのだと教わっても、その思いを打ち消すのは、なかなかたいへんである。

人間の食物の味わい方は多様である。舌で賞味するのに加え、日本人は見た目を大切にする。かたやインドやインドネシアの人は、口に入れる前に指で触感を楽しむようだ。その変異は、明らかに幸島のサルのイモ洗いの延長線上にあるととらえられるだろう。ただし人間では、さらに踏み込んで同じ行為をすることで仲間意識を育み、違う行為をする者によそ者意識を向けるように進化してきたのである。

規範と価値

サルは生物の一員として進化を遂げる中で、多様な環境へ適応するため、それまでになかった行動の可塑《かそ》性を手に入れた。学習能力である。

学習能力があるからこそ、イモ洗いも石器使用も「発明」し、後世に「伝える」ことができるのだ。それを踏まえて人類は、同じ行動パターンをする者に連帯感を抱き、かつ違う行動パターンをやってみせる者には、敵対感情を抱くように、心が形づくられたのである。

つまり、価値が付与されたのだ。ここがサルの文化もどきの行動と、人間の文化の決定的な相違だろう。住む者の環境ごとに立居振舞に違いがあり、その同一感や違和感が好悪の感情と結びついたときに、文化は誕生したともいえるだろう。

その結果、メンバーがより多くの側面について、より可塑的に共通した行動をとるコミュニティーは、その分、他のコミュニティーより集団としてのまとまり（凝集性）を高めることに成功していった。むろん、まとまりのよい集団は機能的にすぐれている。どんどん繁栄していったに違いない。おのずと、その文化は隆盛をきわめることとなる。

しかも集団としてのまとまりは、常に他者を集団外へ排斥することと表裏一体をなしている。他のコミュニティーのメンバーは、どんどん駆逐されていった。そしてやがて、文化は身体的な次元にとどまるのではなく、純粋に観念的な次元にまで及ぶようになっていった。むろん、その背後には言語能力の発達がある。

ことばを操ることができるようになる中で、「人は~すべきである」という考え方が生まれ、メンバー内に共有されるようになった。「食事をする際には、箸を使うべきである」といった身体の技法に始まり、規範にあたるものは次第に複雑化する。単に好き嫌いの次元を離れ、倫理・信仰・道徳といったものが形成されてくる。象徴的な倫理を信奉することによって、互いの結びつきを維持するような社会が誕生するにいたったのである。

文化的な生活とは、ともに生活する者が互いに何か「尊い」と敬うものを共有しながら、日々を送るようなことを指すのだろう。必ずしもハイテクに囲まれて、衣食住満ち足りて生活することと同義とは限らない。

イラクとアメリカ

その一例として、サダム・フセインの支配下にあったイラクと、それを攻撃したアメリカを考えてみよう。日本国憲法第二五条に明記されたニュアンスにもとづく、「文化的」の程度を双方で比べてみるならば、おそらくアメリカの方が断然、イラクより「文化的」ということになるだろう。

インフラ・生活水準・治安……どれ一つとってみても、アメリカ国民のそれがイラク国民をしのいでいる。けれども私が書いてきたような意味合いでの文化を両国で検討してみたならば、同じことがはたしていえるだろうか？

端的に、人々の信仰というものを考えてみた場合、イラクではイスラム教の教えが圧倒的大多数の者の日常のすみずみにまで浸透している印象を持つ。かたやアメリカは、なるほどキリスト教国家ではあるものの、神の教えへの敬意は、かなり薄らいできているのではないだろうか。

イスラム教にさまざまな厳格な戒律が存在するのは、周知の通りである。イスラム国家といっても多様ではあるが、イラク国民はかなりそれらに忠実に従っているという。そして、その分だけ異教徒への反撥も強い。まさしく信仰によって集団内が凝集し、外部からの流入を排除するという点では、彼らの生活スタイルは文化的であるといえるのだ。

むろん宗教的価値が文化的価値のすべてであるわけがない。「国のために……」「家族のために……」「会社のために……」「学校のために……」という規範意識も、同等である。なるほどアメリカ国民は宗教的意識はイラク国民ほど濃厚でないかもしれないが、より近代的な組織形態に帰属した別の尺度を持っている可能性は捨てきれない。

ただ率直にみて、「何が正義で、何が尊いか」という観点で人々の斉一性の程度を測ってみれば、イラクほどには価値観の一致をみることはないように私には思える。はっきり言って、個々人でバラバラという印象は否めない。よく言えば、価値の多様化となるわけであるけれど、それは反面、文化の崩壊と表現できなくもない。

なるほど、テクノロジーによって生活は快適になった。しかしそれは、生活がより「文化的」になることと一致しないのだ。それどころか反対に、生活をより「非文化的」にすることもある。ハイテクの進歩により、従来では想定できなかった量の情報を享受するようになった。それは、人々の価値の多様化をもたらす。価値の多様化というと聞こえはよいが、それは時として価値の喪失と同義になりかねない。

価値としてのブランド

それが非常に先鋭化された形で起こっているのが、日本なのだろう。

国家とか家族とか会社とか学校とかの象徴が、もはや何の敬意も払われない。それではひとりひとりが何らかの別の価値を見出しているのかというと、そうではない。ひとりひとりが自分だけにとっての大切な価値を見出すためには、個々人が個人として十分に自立を遂げていることが不可欠である。だが、そのような土壌は今の日本にないし、ひょっとして過去にも存在しなかったのではないかとも考えられる。たいへん言いふるされた表現ではあるものの、何といっても日本は欧米の個人志向に対し、集団主義の文化の国である。人々のつながりというものを、生活のあらゆる面において重視してきた。すでに書いたように、人々がつながりを維持できるのは共通の価値を見出すからにほかならない。

ところが共通の価値は喪失した。しかし日本人は、つながりを維持しないと生きていけないのである。そこでどうするかというと、ただつながっていることだけのために、つながりを保つという自家撞着《どうちゃく》が生じつつある。そのために中身のない空虚な象徴を作り上げ、それを「みんなが敬うから」というだけの理由で自分も敬うということが起きてきている。

ブランドがその典型といえよう。聞くところによると、世界で生産される「ルイ・ヴィトン」ブランドの約三割は、日本で消費されているという。「ルイ・ヴィトン」が本当にすぐれた商品なのか？　そんなことを信じている日本人は、実はあまりいないのではないか。では、なぜ購入しようとするのか。周囲の人間がいいというから、マスコミによく取り上げられるから、そして、みんなが持っていて話題にしているのに、自分だけ参加していないと話についていけないから、である。

つながりを維持できないのが怖い。こうして、ルイ・ヴィトンが、国家や家族や会社や学校に取って代わってしまった。ブランドというのはとくにいわゆる「ブランド物」のことに限定されるものではない。今や社会には、ブランドは氾濫《はんらん》している。

出版界も例外ではない。一九九〇年代以降、出版不況はもやは定常化している。何といっても若年層の活字離れの影響が大きい。ところが一方で、ミリオンセラーの出版物は毎年、あとを絶たないようになってきている。二〇〇〇年に『ハリー・ポッター』が大流行した。二〇〇三年には『バカの壁』に始まる、養老孟司氏の著作が席捲《せっけん》した。

『ハリー・ポッター』の場合、ブームは海外からやって来た。外国で読まれているから、とまず評判になった。養老氏の『バカの壁』はタイトルがまず受けた。「バカの壁」というフレーズが流行語ともなって、本が売れた。もっとも、それにも増して内容のまじめさによって多くの読者を得たわけだが。

文芸作品においても同様である。芥川賞・直木賞をとらないと、どんなすぐれた作品も売れないことが多い。逆に『蛇にピアス』など、名作だが本来ならさほど部数が伸びそうにないものでも、芥川賞受賞作ということで売れ行きがおそろしいほど伸びる例もある。何が本の中に書いてあるかについて、読者が考えたり、読者同士で話し合ったりすることは非常に少なくなった。ただただ評判のものを、流れにとり残されまいとして購入するだけの状態となっている。

ケータイ普及の影響

こうした傾向はここ一〇年来、急速に傾斜を深めてきたように思えるのだが、それはケータイ（とりわけケータイメール）の普及とまったく軌を一にしている。この一致を偶然とみなすのはたいへんむずかしいだろう。

いったんケータイを使い出すと、日本人は誰しもたいへん奇妙な感覚におそわれるようだ。常に自分のそばに置いておかないと、落ちつかない気分に陥る。

私の研究所に勤務している同僚は、職場から四キロメートルほど離れた場所に住居を構えていて、毎日、自家用車で通勤している。単身で暮らしていて、ほとんど誰かから連絡がくることはないという。それでも、自宅にケータイを忘れてくると、わざわざ取りに戻る。かかってくるあてが見込まれなくとも、やはり肌身離さないようにしておかないと、気がすまないらしい。

大事なのはメッセージではない。それどころかメッセージが来るかどうかということですらない。メッセージがもたらされるチャンネルが確保されているかどうか、という点に関心の主眼が置かれるようになってしまっているのだ。

チャンネルがないという事実そのものが、人を不安にする。本来の意味での文化的な社会における生活でなら、人々は互いに自分たちの考えを交換し、主張の中に共通点を見出しては共感したり、連帯感を抱いたりしていた。反対に、考えが異なると敵意をむき出しにすることもあった。だが、今は違う。

メッセージなど、大して意味を持たない。互いに同じ回路を共有していることそのもので連帯感が形成される。そういう傾向はもちろんマスメディアの普及と無関係ではない。「大衆社会の到来」ということがうんぬんされたのは、もう一〇〇年も昔のことである。

最初はラジオだった。ヒトラーひきいるナチスによるドイツ支配は、ラジオの普及ぬきには不可能だったことだろう。次に電話網、そしてテレビができ上がった。力道山の活躍に

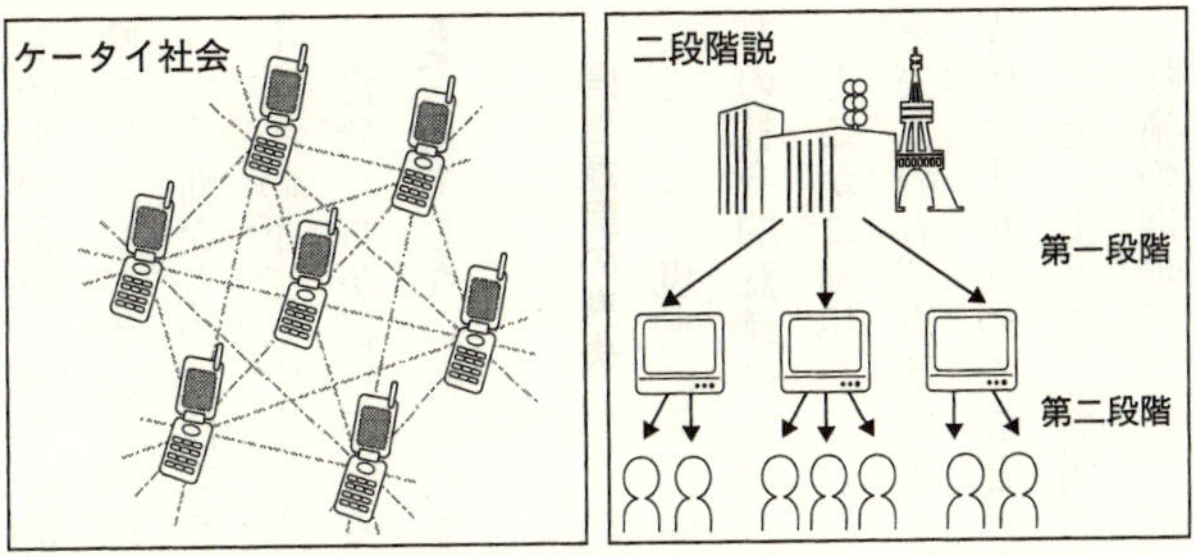

図4－1　社会的コミュニケーションの形態

人々がテレビ受像機に群がったあたりから、今日の兆候が萌芽《ほうが》しだした。

しかしながら、テレビが各家庭に備えられるようになった一九六〇年代後半から一九七〇年代初頭においても、それはあくまで一家に一台というものにとどまっていた。人々は受像機の前に集まらねばならなかった。

そのころ「ナウい」社会的コミュニケーションの新形態として、二段階説なるものがしきりと提唱された。テレビを媒介とするのが、まさにそれにあたる。モニターに配信されるメッセージの経路が第一段階、それを共有する人々、すなわち対面集団が第二段階、というわけである（図4－1）。第一段階での情報の操作によって、対面集団の意識がコントロールされてしまうと危惧《きぐ》されたころでもあった。

コミュニケーションにおける対面的状況の重要性を決定的に破壊したのが、ケータイの発明である。個と個がじかに、しかも顔をつき合わせずに情報交換できるようになった。個と個が直接に情報交換するという意味では、ラジオの発明以前の状況へ戻ったように思われるかもしれない。しかし、双方をまったく別なものに仕立て上げているのは、集団のまとまりを表示する境界というものが、ケータイの下では完全にとっぱらわれてしまったという点にある。

自分たちが属しているというコミュニティーの輪郭が見えないのである。イメージでいうと、果てしない砂漠のまん中で、見わたす限り人間が群がっているようなものである。

帰属意識の喪失

これは、現実にその場に居合わせた私たちが実感している以上に、たいへんな変化を私たちの社会的意識にもたらしているだろう。

どこかに帰属しているという認識を持てなくなってしまった。規範やシンボリックな価値を失うのも、当然の成り行きというものである。そこで無数の外部の他者を結びつけている媒体にすがりつくこととなる。そして媒体を介して、同じ対象を見たり、聞いたり、感覚することによって、帰属欲求を充足させようとするだろう。

技術の進歩、ひいては文明の発展は、人間の生活において選択の幅を拡大する方向に作用するはずである。確かに現代人のライフスタイルは、多様化を遂げた。しかしながら、それにもかかわらず、ある特定の時期の人々のスタイルがどれほど多様であるかを調べてみた場合、意外なほど誰もが斉一的な選択を行っていることに気づくはずである。

選択の幅が広いことと、それを人々が十分に活用しているかどうかはまったくの別問題である。むしろ、広さに人々はとまどっているようにも見受けられる。情報量は格段に豊富になった。むろんIT技術の進歩の賜物《たまもの》である。では、何をその中から選べばよいのか？

選ぶ行為の判断基準となるのは、他の人々がどうしているかに、ひとえに依存してくる。むろんケータイを介した情報が、その拠《よ》り所となる。そしてケータイは、膨大な人間をネットワークに含んでしまっている。

「彼（彼女）はAを選んでいるから、私は異なるBを……」という判断がその際になされることは、ほとんどありえないのである。結果として、群れる鳥や魚のように均一のファッションが流行し、また別のファッションに取って代わられていく過程が、はてしなくつづく。あるテレビタレントが人気を博すや、一週間を通じてさまざまな番組に登場し、すぐに消えていく。

ヒット曲も、それぞれのサイクルは短く、めまぐるしく変わっていく。選択肢の多様化は、流行の周期を短くするだけの効果をもたらしたにすぎず、人々はそれに追従するだけに精一杯という珍妙な事態を迎えるにいたっているのだ。

こうした現象は、他方で昨今の「自分探し」の流行と表裏一体をなしているように思われる。「自分というものがわからない」あるいは「自分が本当に何を求めているのか、自分でわからない」という声をしきりに耳にするようになった。帰属する対象を失って、人間は一見すると自由に振る舞えるようになったかに見えるものの、実はまったく不自由な状態に陥って、自分が把握できなくなっているらしい。どうしてそんな事態になるのか。

環境によって決定される自己像

それはひとえに、私たちが「自分」ととらえている認識が、本当は周囲からの働きかけによって大きく限定されているからにほかならない。

「自分がどういう存在であるか」という認識が本人に形成される過程を、インディアンポーカーにたとえた心理学者がいる。インディアンポーカーというゲームでは、まずトランプのカードを五枚ずつプレーヤーの手もとに取り、おのおのが好みの枚数を、伏せられた場の札と交換する。

この限りでは、ふつうのポーカーと同じルールに従っているにすぎない。ただ違うのは、最初に五枚を受けとったときに、即座に、そのうちの一枚を各プレーヤーが自分の額に張りつける点にある。しかも相手方には見えるように、自分には見えないように張りつける。

だから手持ちのうち好みの枚数を場の札と交換するといっても、額にかざしたものを除外し、残りの四枚のうちで、好みの枚数を替えるのだ。

それから相手と、勝負にのぞむこととなる。それゆえ勝負を賭《か》けているものの、個々のプレーヤーは自分の手の内のすべてを知っているわけではない。知らない部分がある。しかもそれが、相手にはまる見えになっているわけである。反対に、自分にも相手の手の内の一部が明らかになっていて、それは相手にとって、うかがい知ることのできない内容となっている。

勝負に勝つためには、相手の顔色を見つつ、自分でもわからない自身の一部を推測することが不可欠となってくる。これこそ、自分と他人の認知に関する、というよりも社会における「自分」というものの理解の過程のすぐれたモデルだというのである。

人間は結局のところ、自分がどういう形のものであれ行為にのぞんでいるシーンを、外から眺めることが物理的にできない、という束縛の下にある。表情一つとってみてもそうだ。

他人と会話している際に、自分がどういう顔つきをしているのか、ふつうはわからない。額に張りつけた一枚のカードの番号がわからないのと、まったく同じである。

相手の反応から察するほかないのだ。自分の表情についての視覚的イメージは得られないまま、その表情を見た側の行動についての視覚的イメージと、自らが表情をつくった際の筋肉の動きに伴う感覚（自己受容感覚）をマッチさせて、自分の運動についての知識を構築していくのだ。むろん、一連のこのようなマッチングは無自覚のうちに進行する。

もう一例を挙げると、子どもがどのように「痛み」を獲得できるかを考察した研究が知られている。ふつう、コップや鉛筆などの単語であるなら、外界の対象物を大人が指さしてやって教示することができるものの、痛みといった感覚的な語彙では、直接の指示ができない。それを子どもは、どのようにして習得するのだろうか。

幼い子どもが例えば、転んでひざをすりむき、痛がって泣いている場面を想定してみよう。すると周囲の大人は十中八九、「痛かったねえ！」と話しかけるだろう。その「痛かったねえ」がなんのことはない、こうした状況下では「痛い」と表現するのだと教える機能を果たしていることがわかってきた。それゆえ次に同じように転んだとき、子どもは今度は自発的に「痛い！」と叫ぶようになる。また友だちの子どもが同じような場面でいるのに遭遇すると、「痛いの?」と尋ねるかもしれない。

他者との関係で自己は規定される

痛みなどというと、生物としての人間に普遍的に備わった感覚であると認識されるかもしれない。他方、私たちは世の中に「痛がり」の人間と「痛がりでない」人間が存在することを、経験的に知っている。前述の知見は実のところ、子どものこころの中に「痛い」という状態を無条件に設定しなくとも、他人が「痛い」ときの、その人の行動さえ条件として設定しておけば、個々人の内的体験は容易に輪郭づけられることを示唆している。

結果として痛みの感じ方には個人差が生じ、個人差の何がしかは、世代から世代へと継承されていくかもしれない。そして個々の人間の自己意識というのは、こういうものの総体として形成されていくのではないかと私は考えている。私たちは自分をもうひとりの他人として外から観察し、さまざまにレッテルを貼ってもらうことによってしか、自分のありさまを知る術を持てない領域が大きいように思えてならない。

こういう主張に対して、「そんな自分は、砂上の楼閣のようなものではないか。自己というのはデカルトの唱えたごとく『我思う』というようなニュアンスのものであるはずだ」という反論が生じてくることだろう。だが、自分が信じこんでいる自分なんて、さして内部にしっかりと根をおろしたものではないことが多いのだ。

このことを実にわかりやすく示した絵本がある。いわむらかずおという作家の書いた『かんがえるカエルくん』（福音館書店）という作品がそれなのだが、さわりの部分を抜粋してみた（図4－2）。

『かんがえるカエルくん』は本来は、子どもを読者対象として設定した出版物であるらしいものの、内容はとてもそう思えない高等な中身の不思議な絵本だ。どんな話かというと、まさに表題通りカエルくんが友人のネズミくんとの会話を通して、いろいろ思いをめぐらしていく過程がつづられている。しかも、ほとんど哲学者といって過言でない発見をしていく。

一冊の本が三つのテーマで構成されている。一つめは「かお」についての話題で、個々人の相貌というものを通して、「気持ち」とは何かを思索していく。次に「そら」について考察をめぐらし、からだの内側と外側の関係を論ずる。それから最後に、ここに紹介する「ぼく」とは何かを「かんがえる」にいたる。

まずカエルくんは「自分は『ぼく』なのに、どうしてネズミくんも『ぼく』なのか」ということに疑問を感ずる。カエルくん自身は、ネズミくんを「きみ」と呼ぶのに、なぜネズミ

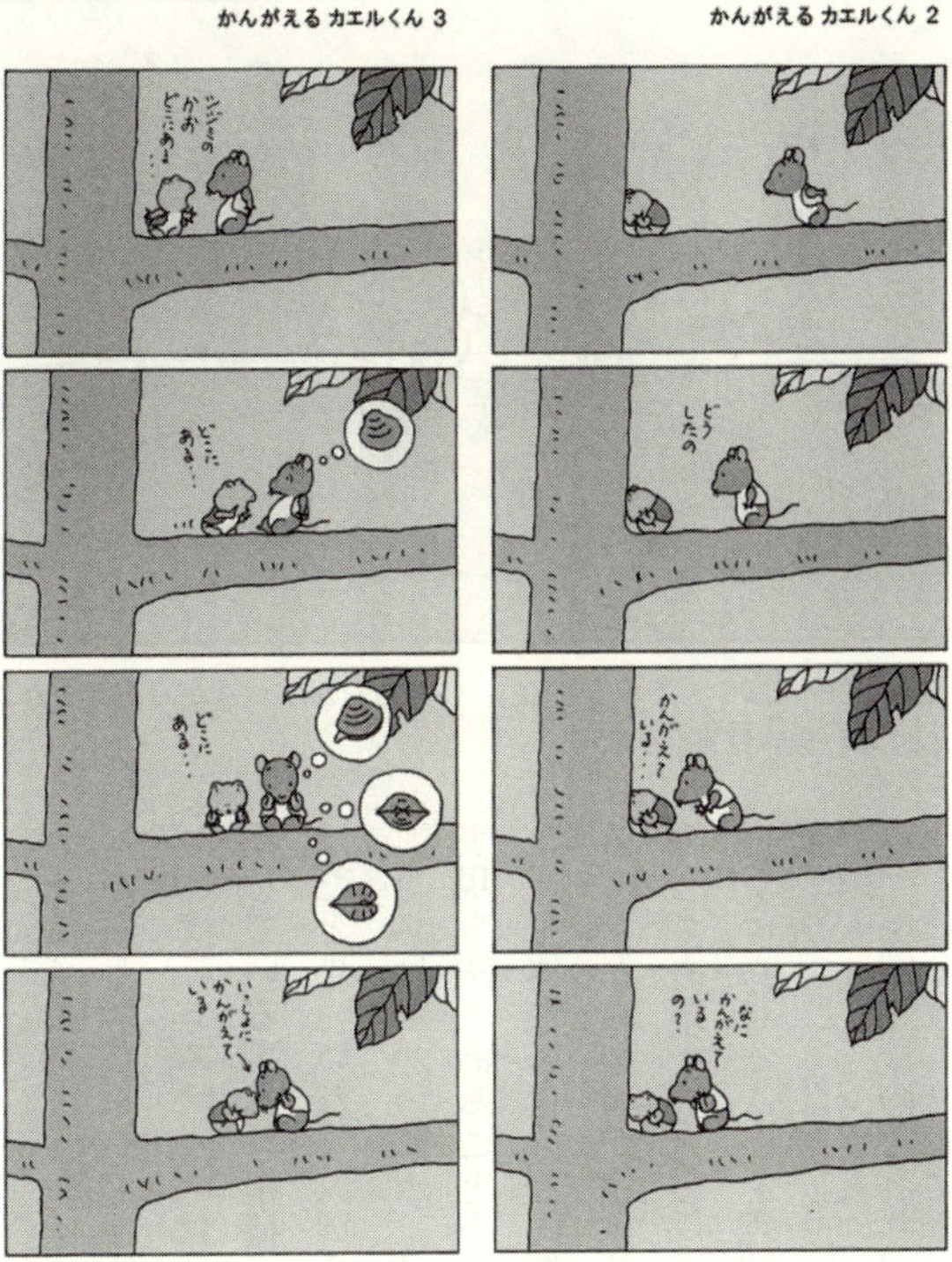

図4－2　「かお」についてかんがえるカエルくん（いわむらかずお『かんがえるカエルくん』福音館書店、より）

図4－3 「ぼくもきみなんだ」(いわむらかずお『かんがえるカエルくん』福音館書店、より)

くんはネズミくん自身を「ぼく」と表現するのかがわからない。

するとネズミくんは彼の立場から、カエルくんだって「きみ」なのに、自分では「ぼく」呼ばわりしている事実を指摘する。そこでカエルくんは、はたと思いいたる(図4-3)。

「きみ」というのが、主体から見た他者の存在の表現方法であることを認識する。同時に他者もまた、主体性を自分と同等に確保していることを知る。だから他者が主体的に、主体を他者として把握して表現するならば、「ぼく」は「きみ」と呼びかけられることを理解するにいたる。他者の立場に立つと、「ぼく」も、「ぼく」にとっての「きみ」と同じなのであり、個々人は自己中心的に他者の存在やこころを理解しているということの、相対的関係を知るのだ。

他者からの期待と自己実現

もしストーリーがここでおしまいになるのならば、ごく平凡な自他の視点の転換についての、いわば一種のたとえ話で終わってしまうことになる。だが絵本の中のカエルくんはもう一段、思考を飛躍させるのである。

すなわち「わたし」を中心として、「あなた」が決まる必然性が必ずしも存在しないということに、「チョウさん」を見て気づく。「わたし」というのは何やら、自己のからだに内在していて、「あなた」より確からしいけれども、「あなた」抜きには「わたし」という意識もまた、霧散してしまうのではないか、という結論を暗示して、この絵本は終わりを迎えることとなる。

これは、今はやりの「自分らしくありたい」とか、古い表現だと「自己実現」ということを考える上で、たいへん示唆に富んだメッセージを送っている。「自分らしくありたい」とは、例えば「本当に自分がやりたいこと、本当に自分が好きなこと」を見つけて、そこへ没頭するようなイメージと結びついている。だが『かんがえるカエルくん』は、「自分の好きなこと」を、真に人間は自分ひとりで見つけたり、決めたりできるのかという問いに、大いなる疑念を呈してくれている。

私たちは、自分という存在の中に出発点から、周囲から期待される姿をかなりの程度、とり込んで暮らしているようなのだ。そうである以上、自己実現とは思いのほか、他人の期待にこたえることと合致するかもしれないという帰結に到達してしまう。

それを当人が感じないのは、一連のプロセスが当事者の自覚を伴わず進行していくからにすぎない。「自分はこんなに、ひとりで思いめぐらして工夫したつもり」が、ふたをあけてみれば「なあんだ、やっぱりああなるんだ」ということは決して珍しくない。

もっとも、このように書くことで私は、自己実現を達成すべく意気さかんである人を、揶《や》揄《ゆ》したり水を差そうとするつもりは毛頭ない。そうではなくて、逆にどうして二一世紀のハイテク社会という、いわば一種の万能社会において、「自分探し」が流行するのかということについての解答の糸口を見出そうとしてのことなのである。

前述の論理に従うならば、「自分のしたいことがわからない」あるいは「自分とは誰なのかわからない」という悩みは結局のところ、「自分は何をすべきであると社会から求められているのかわからない」あるいは「自分を社会はどう見ているのか不明である」ということと、同義になってしまうからである。

むろん親が自分をどう見ているか、何を望んでいるかは明確だろう。しかし「自分探し」にまつわる悩みは、それでは解決がつかない。というのも、社会的自立に関して、一個人として、どう社会に出ていくかが不明なのであって、それは親離れの仕方への暗中模索とも表現できる。つまり、親子の外の世界において、「私はどう見られているのか」のフィードバックを、今の世代は得にくくなっているからではないかという推測が成り立つのである。

だからこそ、価値や規範というものが失われ、やみくもなブランドへの追従が流布する状況が生じてきているのだろう。そしてその背景に、ケータイの普及に代表される社会のＩＴ化の影響が潜んでいるのだとすれば、すなわち社会の高度情報化は私たちが自分が社会においてどう認識されているかを見えにくくする環境を提供しているという結論にいたる。これは一見、論理矛盾である。

なぜなら、情報技術の進歩によって人間は互いに、以前より容易にかつ効率的に情報を交換することができるようになったというのが、一般的な常識というものだからである。それが、どうして周囲からのフィードバックを得にくくしているというのか？

認知的集団の限界

しかし、決して矛盾しないのである。なるほどIT化によって、人間のコミュニケーション可能なネットワークの規模は、爆発的に拡大した。けれども、自分に「フィードバックのある」つき合いの範囲というのは、決して拡大するものではないからにほかならない。

イギリスのサル学者のロバート・ダンバーが、かつておもしろい文献調査をしたことがあった。彼は、人類学者が地球の各地でフィールドワークを行って報告した内容をもとに、伝統的社会と呼ばれる中で、人間はどのぐらいの大きさの集団規模で生活しているかを、一つの表にしてみたのだった。その結果が、図4－4のグラフに表されている。

ここでいう伝統的社会とは、狩猟採集社会やニューギニアの部族社会でよくみられるような、伝統的な原初的典型社会を指している。すると狩猟採集社会ではおよそ三〇人から五〇人で構成される場合がほとんどである一方、原初的典型社会では一〇〇人から二〇〇人の間の人数からなり、その平均は一五〇人という数値がはじき出されたのだった。

ダンバーは、二つのうち前者を本質的に生態学的な集団と呼んでいる。狩猟民の夜間キャンプのようなものが典型である。つまり、顔見知りの複数でグループを作って、狩りに出る。ただし一回の狩猟には数日を要するので、有無をいわさずに集団を作らざるをえない。そう

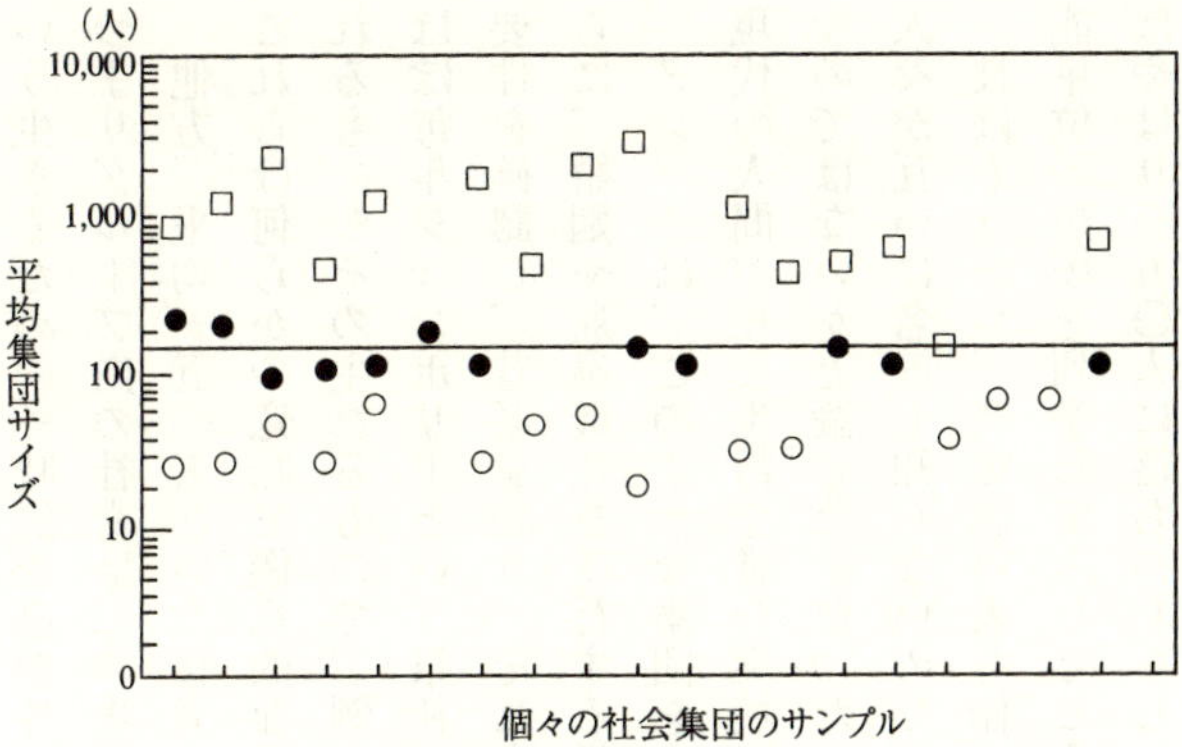

図4－4　伝統的社会（狩猟採集民と原初的農耕民を含む）にみられるさまざまな種類の社会集団サイズ〔○：夜間キャンプのグループ、●：氏族（クラン）、□：部族集団〕（R. I. M. Dumber『言語の起源』より）

表4－1　現代社会において人間の「認知的集団」と考えられる例（R. I. M. Dumber『言語の起源』より）

集団タイプ	平均サイズ（人）
フッター派の共同体*	107
ローマ軍（紀元前約100年）の歩兵中隊	120〜130
近代軍の中隊	124〜212
ビジネス組織：公的管理機構が必要とされる下限	200

*16世紀の宗教改革者フッターの教えにしたがい、アメリカ北西部からカナダにかけて共同体的生活をしている再洗礼派

いう生きるための一時的な必要性に迫られた集まりを、生態学的な集団と命名したのである。つまりグループ内の社交は二の次というニュアンスがある。

他方、平均一五〇人という後者の方は、それとまったく対照的であるとダンバーは言う。これらは何らかの意味で儀礼的な重要性を持つ集団を包括している。氏族（クラン）と呼ばれるものがその主たるもので、例えばオーストラリアのアボリジニ社会における氏族では、ほぼ毎年ジャンボリーという祭礼があって、メンバーが集まり、旧交を温め、血縁関係の重要性を確認し、昔話を語り、それを通じて集団の起源とアイデンティティが確認される。さらに、婚姻や通過儀礼を遂行する単位としても機能している。

ダンバーは、このような集団を生態学的集団と区別して、認知的集団と定義し、そもそも現代の人間が社会生活を営む環境の規模は、一五〇人を平均としたまとまりが、最適な形態なのではないかと論じたのだった。東京や大阪などの大都市には一千万人も住民がいるが、人々が互いに名前も知らないのでは、集団としては機能しない。

彼はもう一つ、興味深い表を作っている。表4－1がそれだ。軍隊や会社、宗教組織の機能単位の規模を列挙してみたところ、実に高い一致度を示すというのである。しかも平均値はやはり一五〇人に落ちつくらしい。

機能集団としてのまとまりが維持されるか否かの鍵は、ひとえに集団内のメンバーが直接的な個人的つながりを保てるかどうかにかかっているとダンバーはいう。その臨界値が一五〇人という規模だというのだ。このことは軍隊の活動の核をなす中隊というものを見れば、容易に理解できるらしい。

近代地上戦において、中隊は個別の活動の最小単位とされている。なぜそうなっているかというと、隊のメンバーが少なくとも視覚的に相互を認知できる最大の軍事集団であることに帰する。ここ二〇〇年のうちに兵器・戦術は信じられないほどの変化を遂げたにもかかわらず、その中隊の規模たるや、実に安定して一五〇人のままなのである。

隊内にメッセージを伝える手法や、兵を展開させる戦術については、二世紀前と今日では雲泥の差があることはいうまでもない。だから戦闘を有利にするためには、単位集団たる中隊のスケールを大きくしてもおかしくないと思えるのだが、現実はそうはなってきていない。

要は、隊のまとまりという点につきるらしい。いくらノウハウが進んだところで、戦闘では隊内のメンバーがお互いによく知り合い、相互信頼を確立していないと、話にならない。この点について、人間はここ二〇〇年の間は大きく進歩を遂げてこなかったということなのだろう。

自他の区分の曖昧化

図4－4のグラフは、ある意味で人間の形成する社会的集団の歴史的発展をも示唆している。というのもダンバーのいう生態学的集団と認知的集団を比較してみた場合、その起源は前者の方が古いことは明白である。他方、歴史の浅い後者は機能集団としての効率において、明らかに前者にまさっている。

だから社会のシステムが複雑化するにつれて、後者が前者に取って代わったと考えるのはあながち無理な推測ではない。具体的に狩猟採集経済から脱皮する中で、われわれは過去にない大規模集団を編み出すにいたった。そのために統合のシンボルなども作り出し、すなわち人々は共通の価値・規範を持つようになった。そして、そういう対面的相互交渉を通じて人は、他人が自分に何を見ているかを知り、それを自ら内面化する中で、「自分らしさ」を獲得してきたのである。

ところが、これをある意味で革命的に破壊しようというのが、昨今の社会のＩＴ化なのだろう。端的にケータイの普及がそうだ。

個々人がケータイを所有することで、いつでも誰とでも情報交換できます、という。しかもなしくずし的に、今までの集団のまとまりは度外視してやっていこうというムードで、日常が変わりだした。いわば、ケータイで通信が便利になったから、従来一五〇人構成であった中隊の規模を四倍にして、さあそれで戦争に行きましょう、というようなことを始めてしまったとも受けとめられよう。

けれども人間の心というのは、そうおいそれと状況の変化についていけないらしいのだ。またケータイをはじめとするIT機器も、とても対面的コミュニケーションに代替できるほどのキャパシティーを有していないことも無視できない。

実際のところ、私たちは以前とは比べものにならないほど多くの他人と、「つながる」ことができるようになったのは事実である。事実ではあるが、「私」への「他人」からのフィードバック——それは「私とは何か」を決める重要因子である——は、たいへん曖昧模糊《あいまいもこ》とならざるをえない。結局のところ、そのまとまりはダンバーのいう認知的集団のまとまりには及ぶべくもないものである。

せいぜい生態学的集団を大規模にしたものにすぎないのではないだろうか。だからこそ、認知的相互理解を基盤にしていないゆえに、個々人はいつ自分が集団からはぐれてしまうかと、戦々恐々としていなくてはならない。周囲の振る舞いに敏感に反応し、同調しなくてはならないし、一方で「自分探し」をする羽目に陥る。あげくのはてに、思春期の子どもは不安定な「出あるき集団」の下に離合集散をくり返すのだ。

ケータイの特徴の一つが、個々人のいる空間の隔たりを飛びこえて人々を結びつけるという点にあることは言うまでもない。確かにそれは、通信手段としては過去にない利便性を備えている。端的にIT化によって、私たちの「自分」というものは身体の輪郭を超えて、外界へ大きく拡げられてしまった。地球の裏側の他者に対してまでも、すぐそこまで行って会話しているかのような感じを抱く。しかし自己の拡張は反面、自他の区分の境界を非常に曖昧なものにしてしまっている。生物としての人間の自己意識をはじめとする高次の社会認知発達は、空間的に同所にいる仲間がまとまって生活し、自分と他人が明確に分離される認識を前提条件としているらしい。われわれは人と人が顔をつき合わせて過ごすのに多大な時間を割くことを、ラジオの発明以来、ないがしろにしすぎてきたツケを今、払わされようとしているのかもしれない。

最後の抵抗としてのオウム

むろん自分を見出せない日本人という姿は、一朝一夕に形成されたものではない。テレビ世代の登場を、戦後の大きな最初の契機ととらえることができるだろう。一九五〇年代の中期以降に生まれた日本人は、物心ついたときからテレビにどっぷりと浸って育ってきている。

その彼らが前世代と対照的に、時事問題にまったく関心を示さないという共通した特徴を示すことを、偶然と片づけることは決してできない。一九六〇年末から七〇年代初頭の全共闘の活躍を最後に、学生運動がぱったりと姿を消した中に、私たちはもっと敏感に時代の変化を読みとるべきだったのかもしれない。

若者の政治離れは当時も、しきりと話題にされたことは事実である。しかし、生活が豊かになったことの反映というような、曖昧なとらえ方に終始して、社会の情報化の観点から論じられることは、ついぞなかった気がする。

そして以降も、人間が脳天気になる傾向は拍車がかかる一方であり、そのうち誰も「政治への無関心」などと口にすることは、なくなってしまった。選挙の投票なんて、行かなくて当たり前。むしろ特定の政治思想を信ずると言おうものなら、変人扱いの風潮が広まっていった。やがて時代は一九八〇年代も終わりを迎える。

ＦＡＸが普及して、郵便という通信手段がすたれだしたころ、日本から文化的なまとまりというものが消え去ることにいら立つ人間による、最後の抵抗が起こった。しかも、抵抗はおそろしく凄惨《せいさん》な形をとって出現した。オウム真理教をめぐる一連の事件である。

周知の通り、オウム事件とは、麻原彰晃という教祖の率いるカルト集団が、無差別大量殺人テロを実行し、また入信に反対する信者の周囲の人間を拉致《らち》、あるいは襲撃・殺害をはかった、とうてい許されざる犯罪を指している。だが事件は、自らを超能力者と思い込んだ麻原ひとりの力では、ここまでスケールの大きなものにならなかったのではないか。

長年、事件の取材にあたってきた朝日新聞論説委員の降幡賢一氏が書くように、「事件の最初に、自分を『最終解脱者』だと思い込んだ『教祖』の錯覚があったことは間違いない」(『オウム法廷13　極刑』朝日文庫、六六三ページ)。だが同時に彼が指摘するように、

厄介なのは「教祖」と錯覚を共有し、自分たちは聖者に従ってこのけがれた世俗の人々を救済する「選ばれた者」たちである、と弟子たちが思い込んでいることだった。大衆を「凡夫」とさげすんでいた彼らには、その理不尽な攻撃にさらされる人々の痛みや苦しみを思う感覚もなかった。そのことよりも彼らは、自分たちがこの社会を標的に仕掛けた「正義」のための「戦争」の、「戦士」となることに夢中になっていたのだ。(同六六三ページ)

という事実である。しかも、その弟子たちのうち、高弟と目された人物のほとんどすべてが、いわゆる一流大学を出た高学歴の者たちによって占められていたことは、注目に値するだろう。なかには大学院に在籍した者もまじっていた。とりわけ理系の人間が目立つ。大半が「理系エリート」であったと降幡氏は書く。

およそ通常の人間よりも、実証的な科学に通暁していてしかるべき理系エリートが、どうして、空中浮遊といった他愛《たわい》のないものに代表される神秘体験にまどわされて教祖を信奉し、それを信じない外部の人間を、「凡夫」とさげすむようになっていったのかは、たいへん興味深い問題である。

価値喪失社会への絶望

この点について、降幡氏は幹部の一人であった井上嘉浩に即して、以下のように書いている。

私の手元には高校二年生、一六歳でオウム真理教の前身、「オウム神仙の会」に入信した教団幹部井上嘉浩被告の検事調書がある。

中学時代、井上被告は大好きだったロック歌手尾崎豊の歌詞に似せて、満員電車に揺られる中年たちの群れに「オレたちに明日はない」、という内容の詩を書いた。「卒業」「十七歳の地図」「街の風景」といった、諳んじている歌詞を調書で紹介した被告は、「若者が尾崎さんに共感するのは、経済的、物質的に豊かになることが幸せだという価値観が広がった結果失われた精神性を、必死になって見つけ出そうという衝動を有するからだ」と述べている。

管理社会に反発し、若者の揺れる心を歌って「一〇代の代弁者」といわれ、今なお根強い人気を持つ尾崎豊。その歌に若者たちは、目の前に立ちはだかる無機質で分厚い物質文明の壁に阻まれて未来を見通せない自分たちを投影させるのだ。

そして、第三次世界大戦や核兵器への恐怖を思い、チェルノブイリ原子力発電所事故による放射能汚染に遭遇して、その不安が決定的になったとき、出会ったのが「解脱・悟りという精神的進化こそが人類救済の道だ」と説く「松本智津夫氏」だったと調書は続ける。

それは教団にかかわったほとんどの若者たちに共通する感覚である。（前掲書による）

理系エリートとは、要するにIT化というもののハードウェアについて、他の人間よりも深い知識を持った人々ととらえて差し支えないだろう。それだけに内実に精通しているし、また誰もがいつでも誰とでもコミュニケートできる便利さが、必ずしも人間同士をよりよくわかりあえるプラスの方向に作用しないことへの失望も大きかったのではないか。

もっと人類が幸福になるはずとおもって、偏差値の高い大学へ入り、学問を志した。オウムの高弟だった若者にはおそらく、中途半端な気持ちで受験勉強をしてきた者は、いなかったことだろう。本章の冒頭に書いたような、科学技術の進歩がすなわち、より文化的で幸福な生活を導くと素直に信じた。真摯《しんし》な若者たちだったに違いない。

それだけに、期待が裏切られたときの絶望は大きかったのではないだろうか。そして、それまで自分が考えてきた将来像が誤りだとわかったとき、たまたまそこにオウムとの遭遇があったのかもしれない。

そして誰も考えなくなった

私は、オウムが行った犯罪を擁護《ようご》しようとしてこんなことを書いているのでは毛頭ない。彼らが犯した犯罪に、一切の弁明の余地もないことは疑いえない。

だが、オウムに走った高弟の行動はとりたてて奇矯《ききょう》なことのようには思えないのである。もし出会いの機会さえあれば、同様の選択を行った高学歴者、とくに理系エリートは少なくなかっただろう。「人間は本来、文化的な存在として生きるべきである。そしてそれを増進させるのが科学の役割だ」と信じて学問を志してきた者なら、かなりの比率で勧誘に乗ったのではないだろうか。

一九八〇年代後半には、日本のどこを探しても人々が共通に尊いと感ずる対象を奉じて、つどうような集まりは、見当たらないという状況が生まれつつあった。人々がお互いに、自分の思いをぶつけ合うことがない一方で、コミュニケーションの手段ばかりが簡便で効率的になる技術を研究したところで、それが一体何になるというのだろう――こういう疑念をなげかけたあげく、強烈なカリスマを核とするカルト集団に参加し、しかもその中で科学者として、自らの研究でカルトの繁栄に貢献できるとわかったならば、むしろ入信して当然とも考えられなくはないように私には思える。

くり返し書くが、オウムに加わった弟子の行為を正当化しようとしているわけではない。ただ彼らの行為は、周囲に悲劇をもたらしたと同時に、当人にとっても、そうしない限り自分の人生の選択の拠り所を失わざるをえなかったという点において、悲劇であったのだ。しかも、そういう形でしか文化の復興をめざせなかったという点では、日本人全体にとって大きな悲劇だったといってもかまわないだろう。

オウムが周知の結末を迎えたことで、その運動について発言すること自体が、タブーのようになってしまったのも、うれうべきことの一つといえよう。以後、なだれを打ったように日本はIT社会化を遂げ、二一世紀を迎えた。テレビのニュースを見ていたら、近年では自分を見つめ直すために、お遍路に出る若者が増えているという報道が流れていた。

心情は了解できるものの、まったく生産的でない愚かしい行動と思える。いくら自分を世界全体から切り離してみたところで、それで自他の区分が明確になるというものではない。「引きこもり」と本質的に何ら変わるところがない形態での、自己の確認法である。ただもう、そういうスタイルでしか、アメーバ的に、自己が拡がっていくことをくい止めることができないのだろう。さもないと、群れに混じってしまって、全体の流れにおしながされて動かざるをえないというところまで、日本人の文化喪失は進行してしまっている。

第五章　サル化する日本人

人間はいつ人間になったか

いうまでもなく生物として、人間は霊長類の一員である。現在、なお生存する霊長類は、数え方にもよるが、その数およそ二〇〇種に及ぶ。だがその中で人間は、唯一ユニークな存在を誇っている。では人間は、いつ人間になったのだろうか？

この問いへの解答は、人間の他の霊長類を圧倒する特徴を何と定義するかによって、異なってくる。結局のところ、該当する形質がいつ出現したかが解答の代わりとなるからにほかならない。

しかもやっかいなことに、人間をサルから分けるのは何によってなのかという問いかけは、それ自体、問題設定が科学のそれではすでになくなってしまっている。もはや、思想・哲学の領域の問いかけとなっている。それというのも、人間を人間たらしめるのはどういう点においてであるのかは、その人の世界観によって大きく左右されるからに、ほかならない。

人間は生物としては、ホモ・サピエンスと命名されている。理性を持った動物という意味であるという。では、理性の本質とは何なのか？　やはり答えは、各人まちまちだろう。だからこれも、決定打とはならない。しかし、もっと具体的に踏み込んだ定義にもとづく命名も存在する。

ホモ・ファーベル。工作する動物という意味である。物を自ら作り出したときに、人間になったという考えにもとづいている。こうなると明白だ。いつ人間が工作を始めたかの年代を確定できれば、そこから人間は人間となったと主張できる。

ホモ・ルーデンスというのもある。遊ぶ動物という発想である。生活に直接、切実にかかわってこない遊びのような行為にたずさわる中で、人間性は進化したという見方によっている。

むろん、直立二足歩行を始めた段階で、という古典的な解答も失念してはならないだろう。それによれば、化石の資料から人間は約三〇〇万年くらい前に、この地球上に誕生したことになる。おそらく、もっとも広く人間というものをとらえた見方だろう。

反対に私などは日常、「これが同じ人間とは思えない」と他人に対して感ずることがしばしばある。むろん冗談にすぎないけれど、ひょっとするとイスラエル人とパレスチナ人は実際、互いにそのように感じているかもしれない。「人でなし」という表現がある。人の道というものを設定し、それを踏みはずしたならば人間失格であるとみなす。

つきつめれば、この人の道は人間が人間たるゆえんは何であるかを、当人がどう考えているかを見きわめることにつながるはずである。それを満たさなければ、たとえ今しっかりと生きている人間ですら、人間として認めないというのは、いちばん狭く人間というものを定義しようとするスタンスといえるかもしれない。しかも科学者が、人間はいつから人間になったかという質問に答えようとする際にも、同じ恣意性はついてまわる、ということなのである。

ただ、こんな議論ばかり続けていても、何ら生産的ではない。そこでおおよその最大公約数的な人間観として、ここではまず人間すなわちホモ・ロクエンスというふうにとりあえずとらえてみることにしようと思う。ホモ・ロクエンスとは、ことばを持った動物の意味だ。

言語を今日ある形式で使用しはじめ、他人と会話し、また思考をめぐらすようになった段階を、人間が他のサルから異なる存在になったときとみなすことにしてみる。この設定が好都合なのは、ごく最近、遺伝学の分野でたいへん重要とおぼしき知見が、いくつか報告されてきているからにほかならない。「言語遺伝子」が発見されたというニュースが、それである。

「言語遺伝子」の発見

言語の起源をめぐる考察の歴史は古い。ルソーやヘルダーによる著作は、いまだに読まれつづけている。しかし、それらすべては思弁的な議論に終始してきた。それゆえパリでの言語学会で、専門家がこの問題について、以後、言及することを禁止する取り決めを行ったのも、よく知られた事実である。

しかし、ここ十数年で状況は大きく変化した。実証的かつ学際的な研究によって、人間がことばを獲得するにいたった過程を明らかにするための証拠が蓄積しつつある。その中でも近年のもっともホットなニュースが、「言語遺伝子」の発見なのだ。FOXP2という、第七染色体の長腕部に存在する遺伝子が、それである。

そもそもの発端は、KEというイギリスの遺伝性の言語障害のある家系の調査に始まる。

三代、二〇名以上の一家系のメンバーを調べてみたところ、およそ半数に生得的な発話障害が見出されたのである。生まれながらにして、おしゃべりができない。そこで、家系内で障害のある者とそうでない者に二分し、遺伝的スクリーニングを実施した結果、浮かび上がったのがFOXP2であった。

そののち遺伝学的な分析によって、遺伝子のDNA配列も決定された。チンパンジーやゴリラなどとの比較によると、遺伝子が現在の形をとるようになったのは、ごく最近のこととされている。計算によると、一万年前から一〇万年前の間の公算が強く、どんなに大きく見積もっても二〇万年をさかのぼることはない、という。

人間の祖先がいつの時代に今日の形式の言語を獲得したかについては、意見が大きく分かれている。一〇万年にすぎないという主張や、舌下神経《ぜっか》の太さの計測から、三〇万年とする研究など百花繚乱《ひゃっかりょうらん》であったが、遺伝学的知見は、数十万年前から生存の確認されているネアンデルタール人が、われわれのようには話せなかったであろうという方の可能性を支持している。たとえそれらしい音を出したとしても、子音の要素は不明瞭《ふめいりょう》な、単純な音の表出段階にとどまっていたのではないかと考えられる。

FOXP2が、脳の細胞構築上のどの部位に発現するかについても、重要な事実が明らかになってきている。ブローカ野と呼ばれる部位（右利きの場合は左半球に局在する）および、その右半球のそれに対応する領域、そして左右の頭頂葉縁上回《えんじょうかい》が主要部を占める。このうちブローカ野とは、運動性の言語中枢といわれている箇所である。脳出血などでここが機能しなくなると、話ができなくなる。相手がいうことはわかるのだけれど自分がことばを作り出せなくなるのが、「運動性」といわれるゆえんである。また縁上回は、耳から入ってきた外界の音韻情報の短期貯蔵を実行する部位と考えられている。その活動によって初めて、入力された情報の反芻が可能となる。それゆえ障害が生ずると、言語的情報処理に深刻な支障をきたすことが判明している。

ミラーシステムの進化

それでは、言語遺伝子が支配している脳の領野のルーツは何だったのか、ということになってくる。それこそまさに、言語の起源の問題の本質に絡んでくる問いのはずである。

これについては、ミラーシステムという認知神経科学的研究から提唱されている概念が、貴重な示唆を提供してくれている。ミラーシステムは、ブローカ野とその相同領域に存在するミラーニューロン、運動前野および縁上回を中心とする頭頂葉の部位から構成されている。

つまり言語遺伝子の支配する部位と大幅に重複する。他者の行為を認知する際に、それを自分自身の行う運動パターンをもとにして理解するためのネットワークである。「なぞる」という語によって、ほうふつとさせるような認識にコミットしている。

ブローカ野とその周辺部はそもそも、当事者が何らかの運動を実行する際に関与して働くものとされてきた。ところが、他者の運動を知覚するだけでも活動することがわかってきたのだ。具体的には手を伸ばす、足を蹴《け》る、口をもぐもぐ動かすというようなしぐさをみせると、活動が生ずる。あたかも自分自身が、同じしぐさを実行しているかのように。いわゆる運動系のネットワークが作動するのである。

どうしてこんなことが起きるかというと、外界の動きに対し、単にそれを動きとして把握するにとどまらず、「それが何をしているのか」という意味を把握するとき、われわれは自分の行動レパートリーに準拠して解説を行う。他者の理解を、私たちは自分の動きになぞらえることからスタートさせるらしい。そして、そこにブローカ野が入り込んでいる事実を、ミラーシステムの知見は教えてくれているのだ。

しかも、行為の意味理解は、実は、人間がことばの意味をカテゴライズする作業と密接に結びついている。私たちが、ある特定の音の配列を耳にしたとしても、それが対象のどういう属性に対応しているのかということを適切に把握することは、理屈の上ではほとんど不可能に近いはずである。にもかかわらず子どもは、けっこう効率よく、含意するカテゴリーの絞り込みを行っていく。そこには、ことばを教示してくれている他者の対象をめぐる行為の情報がかかわっている。

例えば、どこか知らない土地へ送り込まれたと想像してみよう。向こうの土地の人が現れて、本を指して何やらつぶやいたとする。どうして、奇妙な音からなる単語らしきものが、われわれの「本」を意味するとみなすことができるだろうか。確かに、本かもしれない。しかし同時に、本の表紙に書いてある絵の内容をさす可能性もある。あるいは、眼前に置かれていたものが、たまたま絵本であったとするならば、本のサブカテゴリーとしての絵本のみをさしているかもしれないだろう。

ことばを習いはじめたばかりの子どもというのは、まさにこの比喩の状態にあるおとなと同じ立場にあるといっていい。なるほど、子どもは語彙と、それに対応する対象との関係を習得したけれど、対象物は常に特定の事物に限定されているのだ。つまり、自分がなじみのある犬を見て「イヌ」、コップを見て「コップ」という語彙を覚えていくのである。

だが特定の具体物は、さまざまな要素と属性から成り立っている。その数は論理的には無限個のはずである。例えば子どもが「コップ」ということばを習い、それを適切に使うためには、自分のお気に入りのコップに向かって、「コップ」というばかりでなく、よその家へおよばれに行き、そこで初見のコップに接したとしても、正しく「コップ」といえなくてはならない。

自分の使用しているものが、プラスチック製でピンク色のものだと仮定しよう。ところが、親戚の家でジュースを出されたら、クリスタルガラスの高価なものだった。サイズも大きく、ジョッキのようである。むろん無色である。はじめて目にする、そういうものですら「コップ」に違いないことを子どもが認識するためには、「たとえ色がピンクでなくとも、材質がプラスチックでなくとも、また大きさが異なっていたとしても、コップはこういうもの」という特徴抽出を、自分の家の特定のコップとの経験から、正しく実行しなくてはならない、ということになる。つまり、特定の配列パターンの音を、特定の対象物の無数の特徴・属性の中の限られたものとのみ結びつけるという、むずかしい作業をしなくてはならないのだ。

要するに、個々の単語を意味カテゴリーの空間の中に、正しく写像（マッピング）するため、不確実性を減らしていくことが求められている。ではどのようにして、この課題をこなすのだろうか？

言語の身ぶり起源

そこでさまざまな種類のオモチャを前にして、おかあさんと一緒に遊んでいる場面を観察することにしよう。なかにボールが一個、ころがっている。おかあさんが取り上げて、「これ、ボールよ」という。けれども注意して見守っていても、子どもは、当の物体を視野の中にとらえ、視覚情報とおかあさんの「ボール」という声をつなぎ合わせて、「ボール」という発声をゴム製の球体に向けて出すことは、まずしない。それどころか「ボール」とそのままオウム返しに発音することすら学習しない。

わが家の二男は必ず、「ボールポン」といった。しかも、ただ床にころがっているボールを離れたところから眺めて「ボールポン」と発音するようなことは、少なくとも単語を習いはじめたころには、きわめて稀であった。ボールをつかんで、ぎこちないながらも遠くの方へ投げようとしながら、「ボールポン」という。

ボールペンをはじめとする筆記用具を、「ジージー」と勝手に命名した。母親が「これで字を書くんだよ」と教え、また家族のものが実際に字を書いているところを目撃したことに由来する。欲しがるものの、落書きをされると困るので、インクの出なくなったペンを一本、オモチャ代わりに渡してやると、懸命に字を書くまねをしながら、「ジージー」とくり返している。成人が外国語を習う場合と違って、子どもは“This is a pen.”をお行儀よく反復練習して、自分のものにしていくのではない。常に自らの身体を動かし、身ぶりの中で獲得していくことがうかがえよう。

つまり、相手が対象といかに関係しているかを観察し、その働きかけを自分自身の身体に引き移した上で、新奇なことばの意味を認識しようとする。それゆえ、もしミラーシステムが存在しなかったならば、人間はとても今日のような膨大な語彙を個々人で習得することはできなかっただろうし、運動性の言語中枢がシステムに組み込まれているのも、言語の進化を考える際、決して偶然の結果ではなかったと類推せざるをえないのである。

言語の起源については、かねてより相反する二つの説が提唱されてきた。一つは、身ぶりにルーツを求めるものであり、他は出発点より音声であったとするものだ。古くは、前者の方が多数意見を占め、例えば心理学者のヴントなども代表格の一人に数えられるが、二〇世紀後半はむしろ後者の方が有力視される傾向にあった。それが、ミラーシステムが話題となって以降、再び情勢が覆りつつある。

手話研究からの知見も、それに拍車をかけることとなっている。かつて手話などは、人工的に考案された動作やパントマイムの組み合わせにすぎないと誤解されていた。けれども実際には、すべての人間に、一定の環境の下では言語的表出を手によって実現し、視覚的に処理する資質が付与されていることが明らかとなってきた。

ヒトのミラーニューロンと相同なものは、ヒト以外の霊長類でも存在が知られている。直立二足歩行が始まった段階で、前肢は歩行から解放された。人類の祖先が立ち上がったのは、数百万年前にさかのぼる。他方、FOXP2の出現が数十万年前にすぎないのならば、両者の間の時代に、祖先はどういう形のコミュニケーションを行っていたのかが問題となる。

一次的な機能を持たない手や顔の動きを共有していたと想像するのは、あながち無理なことではないかもしれない。言語を操る能力というのは社会性に裏打ちされている。しかもそれは同時に、身体性に裏打ちされている。身ぶりが音声に比して、言語の起源として歴史的に先行していたか否かの議論は別にして、前者を実行するメカニズムを抜きに現在の言語行為が成立しないことに、疑問の余地は少ないと思われるのだ。

ワーキングメモリーシステムの形成

言語遺伝子が完成したことが、人間の存在をそれまでとかなり違ったものにしたことは、まずまちがいない。

第一に生物としての認知的側面については、これによって、第二章で書いたワーキングメモリーのシステムが完成したと推定される。むろん、その前段階のものが以前から、作動していたことは確かである。だが、はるかに高性能となった。

どこが改良されたかというと、すでに書いたように頭頂葉の機能が向上したことで、音韻情報の短期貯蔵能力が格段に発達した。具体的に今のように、ループの形で入ってきた音韻情報をかなりの容量でためておくことができるようになったのである。

この変化の意義が小さくないことは、思考という行為を考えれば、容易に理解できるだろう。外界から耳を経て入力されてきた情報にとどまらず、自らが生成した言語についても反芻することが、この段階で初めてできるようになったのである。

おそらくそれまでの人間の祖先は、今の言語の前段階の形式のものを作り出したとき、必ずそれを口にする形でしか表現できなかったことだろう。しかし、これ以降はそうとは限らなくなった。現実に音にせずとも、心の中で秘《ひそ》かにことばにしてやるだけで、自らだけ秘密裏に聞いて、自分自身の中で情報のキャッチボールができるようになったものと思われる。

これは、本当に音にして外へ表明する前に、省みることができるということを意味している。つまり「省察」とでもいうような知的作業が行えるようになった。言語表現といっても音を産出するという点においては、一種の目に見える行動であることに違いはない。だが、これからは周囲からはまったくうかがいしれない形で、私たちの祖先は思いをめぐらすことができるようになったのだ。日常的な意味での思考・判断能力を発揮できる素地が、でき上がったといえよう。

さらに言語の獲得によって、その使用者はそれまでにはなかった社会的交渉を、他者と営むようになっていったと考えられる。そもそも言語と従来の音声表出が区分される最大の特徴は、その指示機能にある。外界にある果物を指して、以前なら声によって「あれ」とか「これ」としか表現できなかったものが、今や例えば「リンゴ」といえるようになったのだ。つまり、物に名称を与えることができるようになり、音の配列が何か指し示す事物を意味するようになったわけである。しかし、意味の表現は、その使い手が自分ひとりで「これをリンゴと呼ぼう」というふうに決めて用いているのでは、おはなしにならない。いくら「リンゴ」と呼べども、他人がそれを特定の果物と了解してくれないならば、何のたしにもならないからだ。

つまり、ある特定の音の配列の指示対象について、お互いに共通理解が求められる。「これから、あれをリンゴと呼ぶことにしましょう」という約束が形成されてようやく、以後のコミュニケーションが成り立つこととなるのである。

「公共」という場の誕生

ここから、お互いが守らなくてはならないルールというものの認識が、生まれてくるようになったのだろう。もちろんサルにも、毛づくろいを相手から受ければ、近い将来にお返しするといった形での、相互交渉の約束事はないことはない。けれども、それらは当事者が明確に自覚して実行していたものではなかった。

しかし、言語によるそれはまったく異なる。相手にわかってもらうように音を出す。このように発音すると、向こうは「こう」意味を把握するのだからと、あらかじめ予測にもとづいて行動をする習慣が作られていった。今日、私たちが用いている言語がサルの音声と大きく違うのは、話し手の感情の如何にかかわらず、メッセージの内容が安定して伝達されるという点にある。話し手が「私的」にどういう気持ちでいるかということとは別に、約束された取り決めに沿って、伝えるべきことを伝えるということができるようになった。

この「私的」でない側面こそ、公共性の萌芽と解釈できよう。たとえ相手が初対面で、未知の者であれ、コミュニケーションが可能となった——ここに、公共的な社会的交換の場が確保されることになる。ひるがえって、公共でない場は私の場、ということとなる。平常は私的に生活していて、必要に応じて公共の場へ出ていく。もし後者を市場とでも呼ぶのなら、前者は家庭かもしれない。家庭でともに暮らすメンバー、すなわち家族ができ上がっていった。

そして公共の場へ出ていくとき、ひとりひとりの人間は相手と対等な形で、種々の交渉にのぞまなくてはならないし、自らで判断を下すことを迫られる、独立した一個の人格を持つことが不可欠である。「あなたはどういう人間なのですか」と未知の人に尋ねられ、「かくかくしかじか……」と自身を語らねばならない。

いや逆に、交渉を重ねる中で生きつづけるためには、各人がおのずとそういう自覚を持つべく形づくられていく。相手の気持ちを読みとり、先取りすることで、より円滑にコミュニケーションをはかっていく中で、相手が求めているこちらのスタンス、相手が「そう」と把握しているこちらのイメージを知らず知らずに内面化して、それが自分ですとさえ、感ずるようになっていったのではないか。

それこそが人間の社会化の始まりであり、社会化への過程がスタートしたときから、人間は自己という意識あるいは自我を所有する道を歩み出したと考えられる。

家族の誕生

そして公共の場の形成は、人間の生活圏を今までと違った二重のものとした。日常の私の場と外界が、明確に分離する形で存在するようになったのである。

私の場では、人間は、親しい者同士が密な情緒的交流を行いながら、普段の生活を営んでいる。だがそれだけにとどまらず、社会的交渉をなす際に出ていく、外のつき合いの世界がある。むろん、生まれてから何の経験もなく、二つの世界を自由に往き来できるようになるわけではない。

まず私の世界が「基地」となる。生物である以上、生存するためには情緒的に安定して、身の安全を確保することが何よりも最低条件として求められる。ふつう高等動物は誕生したのち、養育者と心的な交流を交わす過程を経て、その相手との絆の中に、安定を求める。

人間も例外ではない。ただ私たちが、他の動物と異なるようになってしまったのは、いつまでもそうした心の交流にとどまっているだけでは一個の存在として不十分である社会をきずくにいたった点にある。親しい者との生活を続けても、外部では任意の第三者と対等な立場で交渉にのぞめないと、一人前と認められないのだ。

それゆえ、きわめて意識的に二つの生活圏が区分されるようになっていった。今までとりたてて自覚されることなく繰りひろげられていた私的世界を、あえて「そういう場」として定義し、その輪郭が明らかにされるまでになる。家族の誕生である。

顔見知り同士とか、適当につれ立ってともに行動するのではない。「この人物は、私たちの私的交流圏のメンバー。だが、あの人物は違う」というふうな、レッテルが貼られるようになる。メンバーとして正当に認められた者同士だけが、「憩える」領域ができ上がった。

むろん子どもは、この領域の中で生まれ、育っていく。結婚も、家族を単位として男ないし女の交換という形で行われるようになった。当然のことであるけれども、婚姻関係とは日常的に繁殖をめざして、性交渉を営む異性関係のとり結びを意味する。それは同時に関与する人物が他の異性と、同様の性交渉を営まないという、排除の契約をも意味する。このようにして、乱婚的であった男女関係は、しばられることとなった。

性交渉を定常的に維持するということは、一定の私的単位集団に所属する、ということと不可避に結びついている。セックスを媒介にして、情緒的なペースの心理結合を取り持ち、人々の帰属意識を満たすような「憩いの場」を提供しましょう、というシステムができ上がったのだ。

「父性」の役割

子育てに求められるものも、従来と変わってきた。単に子どもに心理的な安定を供給すれば、それでいいわけではない。いつまでも彼らが帰属集団にとどまっているのでは、もう事足りない。

いつか、公の場へ出ていって一人前の個人として行動できる、自立の力を習得しなくてはならない。それは、ある意味で人間を生まれ育ったところから外へ押し出す、排除の力である。つまり、子どもに「安全基地」としての役割を果たすばかりか、反対にプッシュする機能も発揮しなくてはならなくなった。

今日、私たちは前者を母性の力、後者を父性の力と呼んでいる。それまでならば、おそらく母性だけで十分とされてきたのが、もう一つのものを注ぎ込む必要性に人間は直面した。この要求にもとづいて、人間の家族はたいていの地域において、一夫一妻制のもと、母親と父親の二人が単位となって繁殖し、かつ子孫を育て上げるようになったのだと推測される。

もっとも母親・父親と母性・父性は必ずしも同義ではない。母親すなわち母性の注入役、父親すなわち父性の注入役と、固定しているわけではない。今日の世界を見わたした際、父親が子どもの自立を促す役をひきうけていることが相対的に多いことから、その機能を「父性」と便宜上名づけただけのことにすぎない。

ただ、子育てが、ひとりの養育者ではできにくくなったことは疑問の余地がないし、夫婦という配偶システムが子育ての必要性から今日の形をとっていることにもまた、疑問の余地は少ない。むろん、家族というのは夫婦とその子どもだけからなるわけでは決してない。それは、二〇世紀に日本や他の先進国で突然といってよいほど唐突に流布した核家族を、普遍化しただけの誤った見方である。むしろ、三世代以上のメンバーからなる、「拡大家族」の方が一般的である。子どもは、その中で複数の人間から、母性・父性を享受するのだ。

だから「みんなでする子育て」という発想が流布した。子育ては、生みの親がもっぱらこなすものではない。子どもは「そこ」に暮らす人間にとって、共有される次世代なのだ。このような養育の形式が確立されることで、個々の子どもに与えられる知識や情報量は、今までになく増加したことだろう。

幅広い人間と接することは、普遍化された社会性の習得を可能にする。個別的な育児から脱却したとき、一般的に社会で通用する個人とは、どういう資質を指すのかということについての認識ができてくる。それを備えた人間になることが発達の目標となる。

地域共同体と文化

所定の発達を遂げた人間が、家族をベースにしつつ、時にそこから外へ出て、公共の場で社会的交渉を行う機会を持つ。家族というものの輪郭がはっきりすると、それら複数の家族の交わりの場ができる。端的に婚姻を目的として、男女が交流する範囲が決まってくる。それは日ごろ、互いに気を許し合って種々の交換を行うパートナーでもあったことだろう。それが地域共同体の範囲を明確化する。

地域共同体はそれ自身、一つの単位として自己の維持と発展をめざして機能するようになる。完結したシステムとしての、持続可能性が求められる以上、当然のこととして、他の同様の共同体と競合することを余儀なくさせる。

競い合って、生き抜くためには共同体内の凝集性を強め、一方で外部に対して排他性を高めることが肝要だ。内部のメンバーにとっては心地よく、かつよそ者にとっては居心地の悪い空間でなくてはならない。そこで従来の霊長類にすでに萌芽のあった、生活の可塑的形式が大幅に、取り入れられることとなった。

それまでは、生みの親から子へと伝わっていた、学習されていく心理・行動の側面が、スケールを拡大した形で世代から世代へ継承されるようになる。同調ということが重視される。同じことをしていると、気分がよくて盛り上がる。しない奴はよそ者、という雰囲気が広まっていく中で、共同体内部のまとまりを高めることに成功した場合にのみ、よそとの競合に勝つことが判明したためである。

こうして地域文化が発生する。文化の根底にあるのは、人間の身体の用い方のような技法のバリエーションと、共同体におけるその同一性、および同一なものへの共感と異質な技法への反撥だ。ただし同時に、家族と共同体のシステムが整備される中で、言語もまた多様化・複雑化していくことを、忘れることはできないだろう。

行動の可塑性の一環として、発話もまた、同一文化内でしか通用しない形をとるようになる。メンバーのみがわかり合えることは快く、よそ者にわからないことが求められる中で、内容そのものも集団内凝集性と集団外排他性を高めるものが主流を占めるようになる。生活に必須《ひっす》なメッセージを交わすばかりではなく、文化を築きあげるためだけの会話というものが生まれる。

このようにして、価値とか集団規範が明証的に認識されていったと推測される。

自己の誕生と崩壊

以上のように見てくると、人間が今日のように言語を使えるようになったということは、単に情報を高度にやり取りできるようになったということにとどまらず、思考や社会のあり方を大きく変える原動力となったことを意味していることがわかる。ある意味で、この段階で人間はようやく人間となったといっても、決して誇張した表現とはいえない。しかも、それはわずか一〇万年程度さかのぼっただけのころのことにすぎない。

あげくのはてに、変化の波は最終的に、各人の「私」という存在の把握の仕方に及んでくる。すでに書いた通り、人間は自分ひとりでは、自己の内実を確かなものとしてつかむことができない。他者と切り離された自分を認めるためには、まず一般的他者との交渉が前提となる。その要件が、このころにようやく出そろったのだ。

「私とは、かくかくの特徴を持った存在なのです」という認識が誕生するのである。以降、人間は個人というものをいかに確固とするかということに、営々と努力を払うようになる。そしていつのまにか個人と社会を対立関係にあるとまで考えるようになり、外界からの影響力を極力、排除した形での人間までを求める試みすら現れる始末となった。

文明が勃興《ぼっこう》すると、技術を利用して、環境を支配し独立した個人に都合よく世界を変えようとしだす。人間は元来、生物の一員であるにもかかわらず、超越的に自然をコントロールしようとする。ある意味で「思い上がった」姿勢は周知の通り、一連の環境問題を生み出すにいたった。

深刻な自然破壊は非常にいびつな形で、文明の成果を享受する上での不平等を固定化させようとしている。科学技術を開発する上で積極的に主導権をとってきた者は、都市に住み豊かな暮らしを楽しむ一方で、これ以上の自然開発はよくないと、例えば熱帯林の伐採を禁止する。他方、熱帯林に暮らす者は、ほとんど文明の恩恵にあずかることもないままに、今度は自分たちが先進国の暮らしをめざそうとすれば、それはだめと抑えられているのだ。

そして同じことは、社会の情報化についても起きようとしているのかもしれない。時間と空間の束縛を超えて、人間同士がコミュニケーションをはかりたいというのは、やはり超越的に自然をコントロールしようとする思い上がった人間の自然への態度の一つとみなせなくもない。

ただし、近代主義的なニュアンスでの「個人」が社会や自然と対立した形でとらえられるのは、あくまで世界のごく一部での「すすんだ」思想にすぎない。トランプにたとえれば、今まで手持ちの札の一部を相手にさらしてやっていたインディアンポーカーを、すべて見せないようにしてプレイしようとするようなものである。ただ他の地域では依然、人々はインディアンポーカーを楽しんでいるのだ。時間や空間を超えて人々がつながり合いたいという発想は、そうした個人主義への志向の強い文化圏で生じた欲望がベースとなって、同じくその地域で生じた科学技術を活用することで、地球規模での高度情報化の波を生み出すにいたった。

いったん波が作られると、それは周辺を席捲していく。しかし、地球の残りの大部分では、人間はそういう個人のスタイルでは外界とかかわっていないのである。そこへ、やにわに波が伝わってくることは、予想だにしなかった生活の変容を引き起こす。改悪と表現しても、それは誇張ではない。それが、昨今の日本人の生活に集約した形で現れているように、私には思えてならない。

サル化する日本人

日本では、私たちひとりひとりの自己の意識は、依然として他者との関係の中で形成される部分がかなり存在していた。近代主義的個人のような、外界との対立をはらんでいなかった。ところがIT化によって、その関係の枠が途方もなく拡大し、かつ輪郭が曖昧になる。結果として、「私」というもの自体が、とらえどころのないものに変質してしまった。

自分探しを迫られる中で、人々は周囲が何に関心を持っているか、何をおもしろいと感じているかを知ることに、やっきになる。自身が「よい」という確とした価値観を持てないため、世間の評判やレッテルに気をくばらなくてはならない。

ついていかないととり残されるという強迫観念にも似た思いが、常に人とつながっていないと落ちつかないという気持ちを生み出してきた。逆に、つながっているとそれだけで安心する。他人とメッセージを交換すること自体を目的としたものへと、コミュニケーションは変質した。

ひとりひとりが誰であるかがはっきりしないのだから、個人をベースとした社会的交渉は成り立たなくなる。私の世界と公の世界の区分は不明瞭となり、もっぱら前者での暮らしに甘んずる者が増加する。おのずと後者と区分された形での生活単位である家族も、形式的なものとなっていく。

家族の絆を提供していた性交渉は、心理的結びつきを強めるという機能から現実世界で解放される。変貌への願望がネット上で叶えられることも少なからず起きる。ことばを公共性の文脈で用いる機会は減少し、そのような用い方のために発達した心理的メカニズムは、用をなさなくなり、結果として言語を介在しない判断による行為決定が往々にして生じ、「キレる」といった現象が珍しくなくなった。

要するに人間は、言語遺伝子が進化した一〇万年あまり前の姿に近いところへ、戻ってしまったことになる。これを、サル化と呼ぶことに、私自身はあまりためらいを感じないのだ。

近代合理主義は啓蒙《けいもう》思想以後、神に取って代わる存在に人間を据えようとしてきた。そういう潮流の下で培われた技術が、依然として伝統的なあり方の人間が暮らす地域での生活を、いびつな形で変容させたのが、二一世紀の私たちの姿といえるのかもしれない。

むろん、影響を被るのは日本人にとどまらないだろうというのが、ここから得られる私の推論である。以前、私は社会のＩＴ化をケータイに代表させ、昨今の日本人を「ケータイを持ったサル」と表現した。わが国におけるケータイの普及率には目を見張るものがあるものの、地球上には日本よりさらに、流布している地域があるのも事実である。北欧がそうであるが、興味深いことに「ケータイを持ったサル」は彼《か》の地には出現していないらしい。

この事実を、彼の地が成熟した個人主義社会であることと結びつけずに考えるのは、困難だろう。他方、韓国などは反対に、急速に日本型のケータイ文化に「汚染」されると予想される。おそらく台湾やインドネシア、そして中国も同様なのではないだろうか。

日本人はややもすると、韓国や中国は文化的風土の異質な地とみなしがちであるけれども、大局的には共通の背景を背負っていて、それに気づかないのは案外、本人たちだけなのかもしれない。

「ケータイを持ったサル」はとりあえずすごいテンポで東アジアの広大な一帯に増殖するような気がしてならない。IT技術は、二一世紀の怪物である。人間が作り出したものでありつつ、当事者の意図をはるかに超えて、ひとり歩きして、私たちの思いもせぬ形で私たちの生活を支配しようとしている。

あげくのはてに、人間は時と場合によって、一〇万年あまりをかけて習得してきた人間らしさを、かなぐり捨てざるをえないような状況に追い込まれているのかもしれない。「裸の人間」こそが二一世紀の人間像の典型であるとすれば、それは何とも科学の進歩の皮肉な結末というしかないだろう。

あとがき

二つの進化

この本で私は、ＩＴ化に伴って日本人が確実に退化しつつあるということを書こうとしたつもりである。

もちろんこんなふうな表現を用いれば生物学者、とりわけ進化を専門とする研究者から批判を受けることは、百も承知している。ここでいう「退化」とは、進化の反対の意味として用いられているが、その際の進化とは進歩とほぼ同義に等しい。

けれども生物学者にとって、進化と進歩は互いにまったく無関係であり、後者がより価値の高い存在を生み出す過程を意味しているのに対し（それゆえこの文脈で退化は、より価値の低い存在を生み出す過程を意味している）、前者は価値と切り離されて、とらえられるものにほかならない。

それにもかかわらず日本ばかりでなく、欧米でも両者は混同されることがたいへん多い。

そしてそれには、歴史的な経緯があると私は思う。

そもそもダーウィンによって近代進化生物学が確立されるよりはるか以前から、人々はさまざまな動植物の間の連続性に関心を抱いてきた。例えばキリスト教的世界観によれば、神は世の中の生き物や鉱物からなる秩序を、数日で創造したことになっている。しかし今日の世界は、天地創造の際のありのままの姿で現にあるわけではない。そののち、長い時間のうちによりよい存在へと形を変えて今日にいたっていると、みなされている。

その変遷を露《あら》わにすることこそ、私たちの使命であり、科学の課題であると考えられてきた期間が長くあった。そういう試みの末に誕生したのが、今の生物学のいう進化という概念であったものだから、それを価値を考慮せずに論じなさいと専門家に指摘されたところで、私たちは急においそれとは従えないのだろう。

むろん本書で書こうとした「退化」とは、歴史的により古い意味合いの進化の裏返しでの、それである。

優生思想を超えて

生物学者が私のような用語の使い方に反撥するのには、それなりの理由がある。かつてダーウィニズムは優生思想と結びつき、社会ダーウィニズムという名で今日知られている、途方もない人種政策などのイデオロギーとして喧伝《けんでん》されたいきさつがある。ナチス・ドイツのユダヤ人らへの弾圧がその典型だ。

ナチスは一九三三年に政権を奪取するやいなや、思想・学術面での弾圧・統制に着手する。左翼系・ユダヤ系の書物が「焚書《ふんしょ》」の対象とされた。さらに四年後には、矛先は芸術にも向けられることとなる。

まず美術界が、やり玉にあがった。一九三七年の夏、ミュンヘンでは表現主義、シュールレアリスム、ダダイズムなどのアヴァンギャルドがいかに堕落した芸術であるのかを、見せしめにする大展覧会が開かれる。現在の日本では「頽廃《たいはい》芸術展」という名で知られているイベントである。これはナチスの幹部であり、その領域に造詣《ぞうけい》の深いゲッベルスの主導により、この年活動を禁止されたあげく、押収された作品を並べたものだった。

だが、ここでいう「頽廃芸術」という語は必ずしもドイツ語の原意を正しく訳出しているとは思えない。そもそもは、“entartete Kunst”の和訳であるものの、entarteteという形容表現の原型となる動詞のentartenとは本来、進化論の専門用語で退化を意味している。直訳するならば、「退化した芸術」となるはずである。

entartete という形容によって、ナチスは押収物が本来の民族精神を喪失しているということを言い表したかったと思われる。ゲッベルスはナチスの中で、健全で力強いドイツ民族芸術を求めた。彼らからすれば、歴史とは民族精神の発展の過程そのものである。それを逆向させようとするものは何であれ、怪《け》しからぬものである。それがユダヤ人らを迫害することを正当化する理論となった。

そして、適者生存とか自然淘汰といった純粋に生物学的であるはずの概念が、このような文脈で転用されたものだから、いまだに研究者は進化と進歩の混同に、神経をとがらせるのだろう。

進歩を志向する人間の本性

そういうことを認識した上でなお、私はあえて現代の日本人は退化しつつあるのではないかと、書いている。

第五章で書いたように、人間が今日あるような人間になったのは、たかだかここ一〇万年のことにすぎない。以降、急速に文化と文明を発展させ、自然を克服し、複雑な社会を築きあげてきた。にもかかわらず、ことここにいたってむしろ逆戻りしつつある印象を持つからである。

ここ一〇万年の間で、人間の遺伝組成が変わったというつもりはない。そのような事実をうらづける証拠は存在しない。また本当に変化したとしても、一〇万年という値は生物進化の視野の中ではごく短期間にあたる。むしろ生物としての人間は、同じに等しいとみなした方が妥当だろう。

だが、それにもかかわらずやはり、人間の姿は大きく変貌を遂げてきたのである。どうしてそうなってきたかというと、それは人間が常に進歩を志向する生物であるからだと私は思う。

これは一種の業《ごう》のようなものなのではないだろうかという印象すら抱く。おそらく人間の本性として、そのような傾向が付与されているのだろう。つまり前向きに変わっていきたいとめざすのが、人間が生物学的資質として与えられた心の働きなのである。だから個々の文化の下に、ともに生活する集団の変遷を眺めた際に、時間変化を民族精神の発展の過程とみなすのは、あながち的はずれともいいきれないように思う。純粋に生物学的な意味での進化を進歩と混同してしまうのも、こう考えてくるとやむをえないなあとすら感じる。

だからこそ科学技術を発展させ、自分たちの周囲の環境に手を加え、より快適な暮らしが可能となるように不断の努力を試みてきたのに違いない。ところが、ことここにいたり、今までの企てがむしろ人間の姿を以前の段階へとあと戻りさせる結末をもたらしはじめたのではないかというのが、この本の主張である。

そういう矛盾を私は、第四章で文化と文明の相克という形で書こうとしたつもりである。そして相克がもっとも如実に反映されているのが、イラクとアメリカの対立だととらえた。両国を比較した場合、むしろ発展途上国とされるイラクの方が「文化的」であるとすら書いた。これはかなり乱暴な議論だが、それは百も承知でいわば一つの比喩として極論をしたつもりである。

極論ついでにもう一つ書くなら、アメリカというのは人間が本来、伝統的に形成してきた共同体の一つとしての国家の体裁を、すでに逸脱しているとさえ私は思う。それは人間の進歩志向が具現化した、一つの別個の形態にほかならないのではないか。それがほかの伝統的な共同体に向かって、お前たちも進歩しろと迫っているのが、一連の戦争の本質かもしれない。

その迫り方がどのようなものであるかは見ての通りだ。いわゆるグローバリゼーションは、人間の生活をより人間的にするわけではないことがここに端的に現れているように映る。むろん、日本もまたその渦中にあることは言うまでもない。人間は裸のサルに退化しつつあるのではないか。

最先端をいく日本

「裸のサル」という表現は、今をさかのぼること三〇年以上も前に、イギリスの動物行動学者であるデズモンド・モリスの出版した同名のベストセラーに因っている。含意するところは二とおりあって、まず現生の霊長類の中でヒトだけが体表面に毛が密生していない、つまり肌がむき出しですよということを表している。だがそれと同時に、人間の中には今もなお、むき出しのサルとしての生物性がひそんでいますよ、それを私が暴き出しましょう、とモリスは伝えたくて、こういうタイトルを選んだのだった。

もっとも彼以前に、同様の試みがまったくなされてこなかったというわけではない。それどころか人文科学・医学の領域では、比較文化研究や精神分析学の主要テーマとされてきた。いわゆる「未開社会」と呼ばれている地域での人々の生活様式を観察すれば、人間がサルから進化して間もない段階の姿が判明するのではないかと考える人は少なくなかったし、現代人においても無意識の領域ではきわめて根源的な衝動や欲望の働きを解明できるのではという主張も珍しくなかった。

けれども結局のところ明らかになったのは、「未開人」というのは想像を超えて、「文化的」であるという事実であり、また人の意識しない心の動きでさえ文化的制約の下にあるという事実にほかならなかったとモリスはいう。そしてむしろ人間の中でもっともサルに近いのは、科学技術の発達した、いわゆる先進国に暮らす、ごくふつうの大多数の人々なのではないかと考えたのだった。

彼は、どうしてこのような結論にいたったのか根拠を明記していない。それまで鳥や魚を観察対象にしてきた研究者としての、直感のようなものが働いたのではないかと私は推察しているが、その直感には、いわば天才のひらめきに近いものがあったように思えるのだ。

何はともあれ彼の予期が決して的はずれでなかったことを、もっとも如実にものがたっているのが、二一世紀に突入した今日の日本人の生活と行動であると私は考えている。モリスが主たるフィールドとした欧米に比べ、日本および東アジアにおいて、その傾向は、はるかに顕著であるようなのだ。

稀薄化する父性

その原因として、現代日本人が社会化を遂げていく中で、父性の影響を授かる機会が非常に乏しくなってきていることが重要な要因として考えられる、というのは、すでに私が『ケータイを持ったサル』で書いた通りである。興味のある方は、そちらを読んでくだされば幸いである。母性が人間にとって、情緒的な安定が保証される「安全基地」を提供するのに対し、父性は個人の自立を促す力を表現している。日本はいわゆる母性原理の社会としての特徴を、ますます顕在化させているらしい。

もっともこの事実は、単純に最近の日本の父親たちが以前に比べて、子どもの発達にかかわらなくなったということを意味しない。なるほど今どきの父親たちが、子どもにとって大したことをしてやっていないのは、まぎれもない事実である。しっかり育児に参画していますといっても、ともにテレビゲームをしているだけであったり、せいぜい母親の代役を果たしているにすぎないことが往々にしてある。

しかし、そういう状況はどうも昔も今もあまり変わりないらしい。ただかつての日本では、地域社会というものが存在していた。それ自身が時間を超えた持続可能性を持った共同体があったのだが、今や消失してしまった。

東京を見てみよう。山手線の内側に居住するのは、圧倒的に高齢者だ。他方、多摩のような郊外のベッドタウンには、幼い子のいる若年の夫婦世帯が密集している。ところが数十年前に開発された同様の居住地域はというと、高齢化の波が押しよせていたりする。いろいろな年齢層の、いろいろな職種の人間が住んでいて、彼らと交流しつつ人間が成長していくという環境（それこそが、地域と呼べるものなのだが）が、ほとんど見当たらなくなってしまっているのだ。子どもはというと、思春期以降は、自分の親や学校の教師以外のおとなとほとんど口をきくこともないままに、成人していく。

親や教師以外のおとなと、ほとんど会話する機会がないままに成人して、まっとうな社会性を身につけられると考える方がむしろおかしいと私には思える。一言で書くと、日本にはマクロなレベルでの都市計画の発想が根本的に欠落していた。

住宅が足りないから、ベッドタウンを建設するというような計画は立案できても、持続可能な地域づくりということは誰も思いつかなかった。そのツケが今、まわってきている。

東アジアの社会問題

マクロな都市計画がないのは、日本にとどまらないのかもしれない。急速に近代化、すなわちアメリカ化を遂げつつある東アジアの都市部すべてにあてはまることである可能性が高い。それが日本で若い世代に起こりつつある現象が、そのまま東アジアへひろがっていく土壌の大きな要素となっているのかもしれない。

日本人の従来の考え方からすれば、例えば韓国は、血縁の者同士の結びつきの非常に強い国ということになる。血のつながりがあるとなると、何十年と出会ったことがなくとも、必要とあらば互いに助け合うとか、生まれてこのかた、まったく未知の関係であっても、親戚というだけで結束するとか喧伝されてきた。

だが社会生活を営む上での血縁集団の役割は、急激に低下しつつある。日本と同じく、あるいはそれ以上に、東アジアでも人口の都市部への集中と他地域の過疎化が生じてしまっている。大多数の人々は他地域から都市部へ、最近になって流入してきたのだ。要するにデラシネ（根なし草）にほかならない。

血のつながりはおろか、地域的な結びつきも持たないままに家庭を持ったあげくに、子どもが生まれる以上、その子どもが成長していく環境の社会的側面は、日本のそれと想像以上に近似している。しかも、似ているのはそれだけにとどまらない。

日本でもアジアの近隣諸国でも、社会での人間関係のあり方がそれほどまでに変容しつつあるにもかかわらず、人々が存外、変わってきていることに鈍感である点でもまた、そっくりなのだ。日本ではいまだにしばしば、「地域社会の再生を」と称した催しが行われている。しかし、再生しようにも、すでに地域などとうの昔に消え去っていることに気がつかない。学校で子どもにいじめをはじめとする問題が起こったとすると必ず、住民がもっと注意して、などという発言を耳にする。「地域の子育て」を実践しなくちゃならない、と謳われる。しかし、そこにすがろうとするのは、蜃気楼《しんきろう》を目がけて船をこぎだす行為にひとしいことに思いいたらない。

韓国も、似たりよったりであるらしい。先年、『おばあさんの家』という映画が制作され、話題となった。日本でも公開されたので、記憶にとどめている人も少なくないだろう。失職したシングルマザーの女性が、職探しの間、息子を田舎のひとりぐらしの自分の母親のもとに預ける話である。

息子は都会文化にどっぷりと浸って育っている。それがおよそ科学技術と隔絶した暮らしを強いられ、はじめは反撥しつつも、やがて祖母に心を開いていく過程が描かれている。世代間交流が人間の心の成長に果たす役割の大切さを描いていて、たいへんおもしろい作品である。

ただ、どうしてこんな作品が日本ばかりでなく、韓国でも注目を集めたのかをよく考えてみると、つまるところ三世代同居という拡大家族での暮らしというものが、あちらでも今や珍しいものになってきていることの裏返しととれるのだ。

しかも、過去の「伝統ある」生活への回帰欲求が見てとれる。

おわりに

人間はひとりで生きることはできない。とりわけ発達の途上で、多くの他者との心の交流抜きに社会化することは、とてもむずかしい。だが、地縁とか血縁とかいった結びつきは、もはや用をなさない。用をなさないにもかかわらず、日本人を含めアジアの人々はなお、そこへ強い執着を見せていて、むしろ逆効果を生んでいるように思える。

日本では近年になって、四国の霊場をめぐるお遍路が人気を呼んでいるという。かつて、四国霊場の巡礼は、死出の旅路の意味合いを含んでいたという。それを支えるのは、地元の人々の「お接待」と呼ばれる、もてなしである。茶菓や食事、あるいは寝所まで供されることも、珍しくない。

世界の他地域での巡礼には稀な習俗であり、日本の地縁ということを象徴しているともみなすことができる。しかも、既知の地区のみを出あるく都市での現象と、きわめて対照的だ。

おそらく、未知の人々とのやさしいコミュニケーションへのノスタルジーが、人々をお遍路に駆りたてるのだろう。しかし、山頭火《さんとうか》（一八八二～一九四〇）のように行き倒れて一生を終えるようなことがもう誰にも許容されないという現実は、見すえなくてはならない。過去への幻想を捨て、新しい結びつきの形態を模索することが何よりも求められている。

そのためにIT技術が果たす役割の重要性を、私は否定するつもりはない。ただし、やみくもに技術にしがみつくばかりでは、人間のサル化に歯止めはかからないことは、心に留めておくべきだろう。

なお、この本は二〇〇四年一二月から二〇〇五年一月にかけて、NHK教育テレビの『人間講座』において、都合八回放送された「人間性の進化史」のためのテキストとして執筆したものに、大幅に加筆・改訂を行ったものである。また本書の出版にあたっては、中央公論新社の小野一雄氏と、佐々木久夫氏のお世話になったことを付記しておく。

二〇〇五年六月

著　者

正高信男（まさたか・のぶお）

1954年（昭和29年），大阪に生まれる．1978年，大阪大学人間科学部卒業．1983年，大阪大学大学院人間科学研究科博士課程修了．学術博士．アメリカ国立衛生研究所（NIH）客員研究員，マックスプランク精神医学研究所研究員，京都大学霊長類研究所助手，東京大学理学部助手，京都大学霊長類研究所助教授を経て，現在，京都大学霊長類研究所教授．専攻，比較行動学．

著書『ことばの誕生』（紀伊國屋書店）
『ニホンザルの心を探る』（朝日選書）
『0歳児がことばを獲得するとき』（中公新書）
『なぜ，人間は蛇が嫌いか』（光文社）
『ヒトはなぜ子育てに悩むのか』（講談社現代新書）
『赤ちゃん誕生の科学』（PHP新書）
『いじめを許す心理』（岩波書店）
『育児と日本人』（岩波書店）
『老いはこうしてつくられる』（中公新書）
『子どもはことばをからだで覚える』（中公新書）
『父親力』（中公新書）
『ケータイを持ったサル』（中公新書）

考《かんが》えないヒト
中公新書 *1805*

2005年7月25日発行

著　者　正高信男
発行者　早川準一

本文印刷　暁印刷
カバー印刷　大熊整美堂
製　本　小泉製本

発行所　中央公論新社
〒104-8320
東京都中央区京橋 2-8-7
電話　販売部 03-3563-1431
　　　編集部 03-3563-3668
振替　00120-5-104508
URL http://www.chuko.co.jp/

Published by CHUOKORON-SHINSHA, INC.
Printed in Japan　ISBN4-12-101805-2 C1237

中公新書刊行のことば

いまからちょうど五世紀まえ、グーテンベルクが近代印刷術を発明したとき、書物の大量生産は潜在的可能性を獲得し、いまからちょうど一世紀まえ、世界のおもな文明国で義務教育制度が採用されたとき、書物の大量需要の潜在性が形成された。この二つの潜在性がはげしく現実化したのが現代である。

いまや、書物によって視野を拡大し、変りゆく世界に豊かに対応しようとする強い要求を私たちは抑えることができない。この要求にこたえる義務を、今日の書物は背負っている。だが、その義務は、たんに専門的知識の通俗化をはかることによって果たされるものでもなく、通俗的好奇心にうったえて、いたずらに発行部数の巨大さを誇ることによって果たされるものでもない。現代を真摯に生きようとする読者に、真に知るに価いする知識だけを選びだして提供すること、これが中公新書の最大の目標である。

私たちは、知識として錯覚しているものによってしばしば動かされ、裏切られる。私たちは、作為によってあたえられた知識のうえに生きることがあまりに多く、ゆるぎない事実を通して思索することがあまりにすくない。中公新書が、その一貫した特色として自らに課すものは、この事実のみの持つ無条件の説得力を発揮させることである。現代にあらたな意味を投げかけるべく待機している過去の歴史的事実もまた、中公新書によって数多く発掘されるであろう。

中公新書は、現代を自らの眼で見つめようとする、逞しい知的な読者の活力となることを欲している。

一九六二年一一月

中公新書

情報・コミュニケーション 01

- 106 人間関係 加藤秀俊
- 410 取材学 加藤秀俊
- 807 コミュニケーション技術 篠田義明
- 1470 コミュニケーション論 後藤将之
- 1636 オーラル・ヒストリー 御厨貴
- 1516 ネットワーク社会の深層構造 江下雅之
- 1712 ケータイを持ったサル 正高信男
- 314 広告の科学 チャールズ・ヤン
- 1507 ニューヨーク・タイムズ物語 三輪裕範
- 1805 考えないヒト 正高信男

中公新書

教育・家庭

m1

中公新書

言語・文学・エッセイ

j 1

433 日本語の個性　外山滋比古
1199 センスある日本語表現のために　中村　明
1667 日本語のコツ　中村　明
1768 なんのための日本語　加藤秀俊
1416 日本人の発想、日本語の表現　森田良行
969 日本語に探る古代信仰　土橋　寛
533 日本の方言地図　徳川宗賢編
500 漢字百話　白川　静
1755 部首のはなし　阿辻哲次
742 ハングルの世界　金　両基
5 象形文字入門　加藤一朗
1212 日本語が見えると英語も見える　荒木博之
1533 英語達人列伝　斎藤兆史
1701 英語達人塾　斎藤兆史
1734 ニューヨークを読む　上岡伸雄

1448 「超」フランス語入門　西永良成
352 日本の名作　小田切進
212 日本文学史　奥野健男
1678 快楽の本棚　津島佑子
1753 眠りと文学　根本美作子
563 幼い子の文学　瀬田貞二
418 ことば遊び　鈴木棠三
1068 昔話の考古学　吉田敦彦
1550 現代の民話　松谷みよ子
1787 平家物語　板坂耀子
1357 川柳　江戸の四季　下山　弘
1233 夏目漱石を江戸から読む　小谷野敦
1556 金素雲『朝鮮詩集』の世界　林　容澤
220 詩　経　白川　静
1418 『西遊記』の神話学　入谷仙介
1312 金瓶梅(きんぺいばい)　日下　翠
1287 魯　迅(ろじん)　片山智行

1798 ギリシア神話　西村賀子
1672 ドン・キホーテの旅　牛島信明
1395 贋作《がんさく》ドン・キホーテ　岩根圀和
1254 ケルト神話と中世騎士物語　田中仁彦
1062 アーサー王伝説紀行　加藤恭子
1610 童話の国イギリス　ピーター・ミルワード　小泉博一訳
275 マザー・グースの唄　平野敬一
1343 ジェイン・オースティン　大島一彦
1204 ガヴァネス(女家庭教師)　川本静子
1790 批評理論入門　廣野由美子
638 星の王子さまの世界　塚崎幹夫
338 ドストエフスキイ　加賀乙彦
1757 永遠のドストエフスキー　中村健之介
1404 シュテファン・ツヴァイク　河原忠彦
1774 消滅する言語　デイヴィッド・クリスタル　斎藤兆史・三谷裕美訳

中公新書

社会・生活

I 1